klein & oho

kinderkleidung selber nähen

Emma Hardy

klein & oho
kinderkleidung
selber nähen

OZcreativ

Erstveröffentlichung 2009 unter dem Titel „Making Children's Clothes"
bei CICO Books, ein Imprint von Ryland Peters & Small Ltd

20–21 Jockey's Fields, London WC1R 4BW
519 Broadway, 5th Floor, New York, NY 10012

Text-Copyright © Emma Hardy 2009
Copyright Fotografie, Gestaltung und Layout © CICO Books 2009
Die Rechte der Autorin sind in allen Fällen gewahrt.

Redaktion: Sarah Hoggett
Design: Roger Hammond
Illustrationen: Michael Hill
Fotografien: Vanessa Davies
Schnittmuster: Bernadette Thornton

Rechte der deutschen Ausgabe:
© 2011 Christophorus Verlag GmbH & Co. KG, Freiburg
Alle Rechte vorbehalten.

ISBN 978-3-8410-6031-0
Art.-Nr. OZ6031

7. Auflage 2013

Übersetzung: Elke Schröter, Lina Feske
Redaktion: Franziska Schlesinger
Lektorat: 360°, Berlin
Satz: GrafikwerkFreiburg
Covergestaltung: Yvonne Rangnitt-Voigt

Printed in China

Sämtliche Modelle, Illustrationen und Fotografien sind urheberrechtlich geschützt. Jede gewerbliche Nutzung ist untersagt. Dies gilt auch für eine Vervielfältigung bzw. Verbreitung über elektronische Medien. Der Verlag hat die größtmögliche Sorgfalt walten lassen, um sicherzustellen, dass alle Angaben und Anleitungen korrekt sind, kann aber im Falle unrichtiger Angaben keinerlei Haftung für eventuelle Folgen, direkte oder indirekte, übernehmen.
Die gezeigten Materialien sind zeitlich unverbindlich. Der Verlag übernimmt für Verfügbarkeit und Lieferbarkeit keine Gewähr und keine Haftung.

WIDMUNG
Meiner Großmutter Alice Nicol, deren Nähkünste mehrere Generationen unserer Familie inspiriert haben.

DANKSAGUNGEN
Mein Dank geht an Vanessa Davies für die wunderschönen Fotos, an Michael Hill für die schöne Gestaltung der einzelnen Arbeitsschritte und an Sarah Hoggett, die dem Ganzen Sinn eingehaucht hat.

Ich bin Bernadette Thornton zu tiefem Dank verpflichtet, die sich bei den Schnittmustern so viel Mühe gegeben und ihre Hilfe und Unterstützung während des gesamten Projektes angeboten hat. Vielen Dank, Bernie.

Vielen Dank den wunderhübschen Models – Freya Bartlett, Jonathan Hadfield und Betty Dahl. Und vielen Dank an Kate Wheeler, Ben Bartlett und Trish Harrington dafür, dass ihr so wunderbare Kinder habt.

Vielen Dank an Cindy Richards für die Möglichkeit, dieses Buch zu produzieren, und an Pete Jorgensen und Sally Powell für ihre Hilfe und Unterstützung.

Und natürlich vielen Dank an meine liebe Familie, Laurie, Gracie und Betty, ohne die dies alles nicht möglich gewesen wäre.

Inhalt

Einleitung 6

BABYKLEIDUNG 1
Babyschuhe 8
Babylätzchen 12
Babymütze 16

OBERTEILE 2
Blütenbluse 20
Gesmoktes Top 24
Top mit Schleife 28
Jungenhemd 32

HOSEN 3
Hose mit Dehnbund 36
Cargohose 40
Caprihose 44
Strampelhöschen 48

RÖCKE & KLEIDER 4
Cordrock 52
Ballonrock 56
Stufenrock 60
Schürzenkleid 62
Hängerchen 66
Partykleid 70

SCHLAFKLEIDUNG 5
Pyjama 74
Bademantel 80
Nachthemd 84

ACCESSOIRES 6
Schürze 88
Wendehut 92
Schal 96
Poncho 100
Haarband 102

Techniken 104
Vorlagen 109

Bezugsadressen 111
Register 112
Schnittmusterbogen 112

Einleitung

Es kann sehr befriedigend sein, Kleidung für die eigenen Kinder oder die von Freunden zu nähen. Zwar lässt sich Kinderkleidung heutzutage sehr preiswert im Laden erstehen, diese ist aber häufig von minderer Qualität und meist mit Markennamen und Logos übersät – warum also nicht lieber selbst nähen?

Dieses Buch bietet Ihnen eine Grundkollektion von Kinderkleidung, die einfach anzufertigen, aber dennoch modisch ist und die Sie nach Ihren Wünschen abändern und verzieren können. Alle Anleitungen eignen sich sowohl für Anfänger unter den Näherinnen als auch für erfahrene Schneiderinnen. Für das Nacharbeiten eines Projektes benötigen Sie nie länger als einen Nachmittag.

In Kapitel unterteilt, bietet dieses Buch Kleidung für Babys und Kleinkinder sowie für Kinder im Alter von 2–5 Jahren. Viele der Projekte eignen sich sowohl für Jungen als auch für Mädchen und lassen sich gut aus vielen unterschiedlichen Stoffen herstellen. Hinzu kommen Anregungen für sehr schöne Verzierungen wie Stoffblumen und Schleifen, die bei vielen der Projekte verwendet und kombiniert werden können.

Die Stoffmengenangabe in der Materialliste eines jeden Projekts bezieht sich jeweils auf die größte der angegebenen Größen. Sie sollten möglichst der Anleitung und den Maßen für eine der angegebenen Größe folgen, auch wenn Saum- und Ärmellängen offensichtlich leicht geändert werden können. Bedenken Sie, dass Kinder sehr schnell wachsen. Schauen Sie also in der Maßtabelle nach, bevor Sie mit der Ermittlung der Größe beginnen. Es gibt nichts Schlimmeres, als ein Kleidungsstück liebevoll herzustellen und am Ende festzustellen, dass es nicht passt!

Durch die große Auswahl schönster Stoffe, die Sie in Läden oder im Internet erstehen können, macht Nähen besonders viel Spaß. So entstehen besondere Stücke mit einer persönlichen Note. Wenn Sie erst einmal beginnen, Kinderkleidung herzustellen, werden Sie feststellen, wie schnell und einfach das geht. Sie werden nie wieder Kleidung kaufen wollen! Viel Spaß beim Nähen!

Maßtabelle

	6–12 Monate	12–24 Monate	2–3 Jahre	3–4 Jahre	4–5 Jahre
KÖRPERGRÖSSE	76 cm	83 cm	98 cm	104 cm	110 cm
BRUSTUMFANG	47 cm	48 cm	52 cm	56 cm	58 cm
TAILLENUMFANG	44 cm	46 cm	50 cm	52 cm	54 cm

BABYKLEIDUNG I

Babyschuhe

Diese Schühchen halten kleine Zehen schön warm! Leinen gibt ihnen die feste Form, ermöglicht aber Bewegungsfreiheit. Das Innenfutter ist aus anderem Stoff und große Zierknöpfe bilden einen dekorativen Abschluss. Der Schuh wird mit Druckknöpfen geschlossen, die das An- und Ausziehen erleichtern.

Material
* *Schnitte 5 und 6 (Schnittmusterbogen) und Vorlage für die Lasche (Seite 110)*
* *2 unterschiedliche Stoffe, je 80 x 20 cm*
* *Bügeleinlage, 80 x 20 cm*
* *2 Druckknöpfe*
* *2 Zierknöpfe, Ø ca. 2 cm, oder Stoffblumen*

Größen
Schnitte für Babys von 0—3 und 3—9 Monaten

Sofern nicht anders angegeben, beträgt die Nahtzugabe 1 cm.

1 Mithilfe der Schnitte 5 und 6 und der Vorlage für die Lasche aus beiden Stoffen jeweils zwei Sohlen, zwei Oberschuhe und zwei Laschen zuschneiden. Die Schnitte jeweils einmal umdrehen, um einen rechten und einen linken Schuh zu erhalten. Die Bügeleinlage für Sohlen, Oberschuhe und Laschen mithilfe derselben Schnitte zuschneiden.

2 Die Bügeleinlage nach Herstellerangaben auf die Rückseiten der Leinenschnittteile bügeln. Die rückwärtigen Nähte der äußeren Oberschuhteile rechts auf rechts stecken und steppen. Die Nahtzugaben auseinanderbügeln.

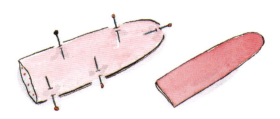

3 Die äußeren Schuhteile rechts auf rechts an die Sohlen stecken bzw. heften. Zusammensteppen und die Nahtzugabe ringsum knapp einschneiden.

4 Die Laschenteile aus Oberstoff rechts auf rechts mit den Laschenteilen aus Futterstoff zusammensteppen, die Enden offen lassen. Auf rechts wenden, bügeln.

5 An den Oberschuhen aus Futterstoff die rückwärtigen Nähte wie in Schritt 2 beschrieben stecken und nähen, die Nahtzugaben auseinanderbügeln. Das Futter der Oberschuhe an die Futtersohlen stecken und heften, dabei eine Öffnung von 2,5 cm lassen. Die Nahtzugabe rundherum einschneiden und bügeln.

6 Das Futter rechts auf rechts über die äußeren Schuhteile ziehen, dabei die Lasche an der korrekten Stelle in die Naht einlegen. Rundherum steppen. Durch die Öffnung im Futter auf rechts wenden und die Öffnung mit Überwendlichstichen schließen (siehe Seite 105). Von Hand je einen Druckknopf unter die Laschen und an den entsprechenden Stellen am Schuh festnähen. Zierknöpfe oder Stoffblumen auf die Laschen nähen.

TIPP

Für Jungen sehen die süßen Schühchen besonders gut aus Karo- oder Streifenstoffen in gedeckten Farben aus. Für Jungen Knöpfe, für Mädchen Schleifen oder Stoffblumen auf den Verschlusslaschen anbringen.

Babylätzchen

Dicker Frotteestoff macht diese hübschen Lätzchen flauschig und saugfähig, auch Frotteehandtücher eignen sich gut. Mit einem applizierten Früchtemotiv erhält das Lätzchen die persönliche Note. Auch die Motive sollten aus Baumwolle sein, damit alles bei hohen Temperaturen gewaschen werden kann.

1 Mithilfe von Schnitt 24 einen Papierschnitt anfertigen (siehe Seite 104) und damit das Lätzchen einmal aus Frottee und einmal aus dem Stoff für die Rückseite zuschneiden.

2 Haftvlies nach Herstellerangaben auf die Rückseite der Stoffstücke für die Applikationen bügeln. Nach den Vorlagen Schablonen für die gewünschten Applikationen anfertigen. Die Motive auf die Schutzfolie zeichnen und ausschneiden.

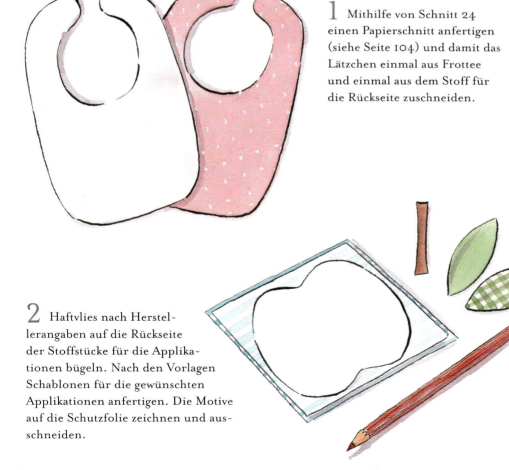

Material

* *Schnitt 24 (Schnittmusterbogen) und Vorlagen für Früchte, Stiele und Blatt (Seiten 109–111)*
* *Frotteestoff, 30 x 40 cm*
* *Stoff für die Rückseite, 30 x 40 cm, und mind. 70 x 70 cm für die Einfassung*
* *Stoffreste für Applikationen, jeweils mind. 10 x 10 cm*
* *Haftvlies (Vliesofix), für jedes Motiv 20 x 20 cm*
* *Klettband (Flausch- und Hakenband), 2,5 x 2,5 cm*

Größe

Das fertige Lätzchen misst etwa 34 x 24 cm.

Sofern nicht anders angegeben, beträgt die Nahtzugabe 1 cm.

3 Jeweils die Schutzfolie vom Haftvlies entfernen und das Motiv an der gewünschten Stelle auf das Frotteelätzchen auflegen. Ein feuchtes Tuch darauflegen und einige Sekunden bügeln.

4 Die Kanten der Motive umsteppen, dabei so knappkantig wie möglich nähen. Alle Fadenenden sauber abschneiden.

5 Frotteeteil und Rückseite links auf links aufeinanderlegen. Beide Teile zusammenheften (siehe Seite 105).

6 Für die Einfassung einen Schrägstreifen von 4 x 145 cm schneiden (siehe Seite 107). An einem Ende 1 cm zur linken Seite umbügeln. Den Streifen rechts auf rechts um das Frotteelätzchen stecken und festnähen, die Enden ein wenig überlappen lassen.

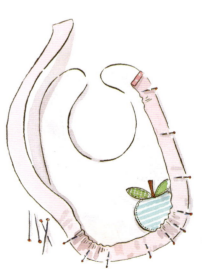

BABYKLEIDUNG

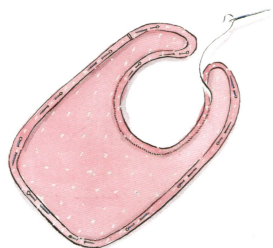

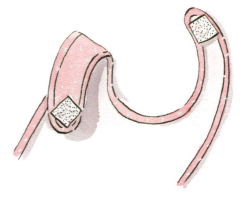

7 Die Nahtzugabe am Lätzchen zurückschneiden. Die Kante des Schrägstreifens auf der ganzen Länge 1 cm breit nach links hin umbügeln. Diese Kante zur Rückseite umschlagen und feststecken. Mit Überwendlichstichen ringsherum festnähen (siehe Seite 105).

8 An den oberen Enden des Lätzchens Klettband feststecken und nähen.

BABYLÄTZCHEN

Babymütze

Diese niedliche Mütze ist schnell und einfach gemacht und hält kuschelig warm. Verwenden Sie weichen Jerseystoff in hübschen Pastelltönen oder lustigen Streifen mit einem darauf abgestimmten Stoff für die Ohren. Statt Jersey-Meterware können Sie auch einfach ein T-Shirt zerschneiden!

Material

- *Vorlagen für Babymütze (Seite 109) und Innenohr (Seite 111)*
- *T-Shirt oder elastischer Jerseystoff, 40 x 60 cm*
- *Stoffrest für Ohren in einer passenden Farbe, 10 x 10 cm*
- *Haftvlies (Vliesofix), 10 x 10 cm*
- *Zierband, 3 mm breit, 50 cm*

Größe

Die fertige Mütze misst ca. 14 cm in der Höhe und 41 cm im Umfang.

Sofern nicht anders angegeben, beträgt die Nahtzugabe 1 cm.

1 Mithilfe der Vorlage die beiden Mützenteile aus Jersey oder T-Shirt-Stoff zuschneiden. Dazu die Schablone mit Stecknadeln in engem Abstand auf den Stoff stecken, das dehnbare Material könnte sich sonst beim Schneiden verschieben. Die beiden Mützenteile rechts auf rechts aufeinanderstecken und steppen. Die Nahtzugabe auf ca. 5 mm zurückschneiden und am Ansatz der Ohren einschneiden (keinesfalls in die Naht schneiden!).

2 Das Haftvlies nach Herstellerangaben auf die Rückseite des Stoffes für die Innenohren bügeln. Daraus zwei Innenohren mithilfe der Vorlage zuschneiden.

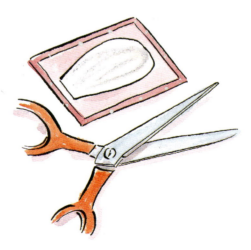

BABYKLEIDUNG

BABYKLEIDUNG
18

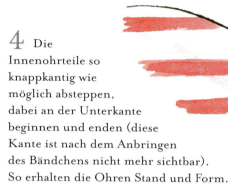

3 Die Mütze auf rechts wenden. Die Innenohrteile an den richtigen Stellen positionieren, die Schutzfolie von der Rückseite abziehen und unter einem feuchten Tuch bei mittlerer Temperatureinstellung für ein paar Sekunden bügeln, um die Stoffteile zu verbinden.

4 Die Innenohrteile so knappkantig wie möglich absteppen, dabei an der Unterkante beginnen und enden (diese Kante ist nach dem Anbringen des Bändchens nicht mehr sichtbar). So erhalten die Ohren Stand und Form.

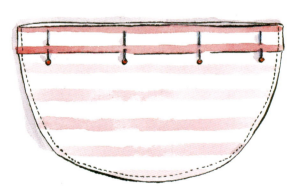

5 Die Innenseite der Mütze nach außen wenden. Die untere Kante 1 cm breit und ein weiteres Mal 2 cm breit zur linken Seite hin umschlagen. Gut feststecken und so knapp wie möglich entlang der ersten Bruchkante absteppen. Beim Nähen darauf achten, den Stoff nicht zu dehnen. Bügeln.

6 Zwei Zierbänder von 25 cm Länge abschneiden, fest um den Ansatz der Ohren binden und mit einer Schleife schließen. Die Bänder auf passende Länge einkürzen.

BABYMÜTZE

OBERTEILE 2

Blütenbluse

Diese schicke kleine Bluse ist ganz einfach zu nähen und im Nu fertig. Dabei kommen nur zwei Schnittteile zum Einsatz. Da sie aus leichtem Baumwollstoff gearbeitet wird, passt sie gut über ein schlichtes langärmeliges T-Shirt. Auch für sich allein ist sie ein hübsches sommerliches Oberteil. In etwas längerer Form wird daraus ein luftiges Strandkleidchen.

Material

* *Schnitte 3 und 19 (Schnittmusterbogen)*
* *Stoff, 115 x 100 cm*
* *Zierband, 6 mm breit, 1 m*
* *Gummiband, 6 mm breit, 110 cm*
* *2 aufeinander abgestimmte Stoffe für die Blume, je 10 x 32 cm*

Größen

Schnitte für Kinder von 2–3, 3–4 und 4–5 Jahren

Sofern nicht anders angegeben, beträgt die Nahtzugabe 1 cm.

1 Aus dem Hauptstoff mithilfe der Schnitte 3 und 19 zwei Ärmel und zwei Blusenteile zuschneiden. Sämtliche Kanten mit Overlock- oder Zickzackstichen versäubern (siehe Seite 106). Einen Ärmel rechts auf rechts auf ein Blusenteil legen, dabei sollten die runden Kanten exakt übereinanderliegen. Entlang der Rundung stecken und steppen. Die Naht auseinanderbügeln.

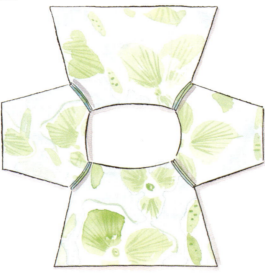

2 In der gleichen Weise den anderen Ärmel an die andere Seite des gleichen Blusenteils nähen. Das zweite Blusenteil wie abgebildet an die jeweils andere Seite der Ärmel stecken und nähen. Die Nähte auseinanderbügeln.

3 Beide Unterarm- und Seitennähte rechts auf rechts stecken und steppen. Die Nähte auseinanderbügeln.

4 Die Halsausschnitt- und Ärmelkanten 1 cm breit, dann ein weiteres Mal 1 cm breit zur linken Stoffseite hin umschlagen. Zuerst feststecken, dann so nahe der Bruchkante wie möglich absteppen, dabei jeweils etwa 2 cm der Naht zum Einziehen des Gummibandes offen lassen.

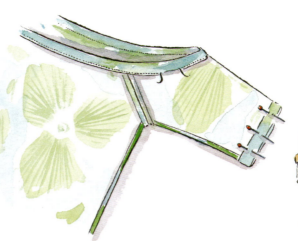

5 Entlang der unteren Kante den Stoff 1 cm breit und dann weitere 2 cm breit zur linken Seite hin umschlagen und mit der Maschine steppen. Über diese Nahtlinie auf der rechten Stoffseite ein Zierband stecken und an beiden Kanten so knappkantig wie möglich absteppen, dabei die Enden leicht überlappen lassen und nach innen umschlagen.

6 Einmal 60 cm und zweimal 25 cm Gummiband abschneiden (bei kleineren Größen ist etwas weniger nötig). Mithilfe einer Sicherheitsnadel das Gummiband durch die Tunnel an Hals- und Ärmelsäumen ziehen (siehe Seite 108). Nach Anprobe die Enden des Gummibandes zusammensteppen, die Öffnungen in den Saumnähten mit der Maschine schließen.

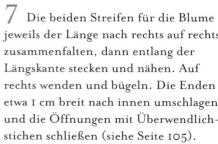

7 Die beiden Streifen für die Blume jeweils der Länge nach rechts auf rechts zusammenfalten, dann entlang der Längskante stecken und nähen. Auf rechts wenden und bügeln. Die Enden etwa 1 cm breit nach innen umschlagen und die Öffnungen mit Überwendlichstichen schließen (siehe Seite 105).

OBERTEILE

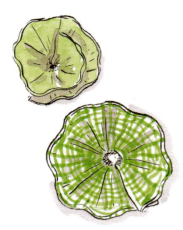

8 Bei beiden Stoffen durch eine Längskante mit Vorstichen einen Faden ziehen und damit leicht kräuseln (siehe Seite 106). Dann zu einer Blüte wickeln und fest zusammennähen.

9 Die Blume von Hand an der gewünschten Stelle an die Bluse nähen.

Gesmoktes Top

Dieses tolle Top sieht komplizierter aus, als es ist. Das Gummiband aufzunähen ist nicht schwer. Probieren Sie die Technik erst an einem Stoffrest, das Ergebnis ist sicherlich die Mühe wert. In längerer Ausführung ergibt sich ein hübsches Sommerkleidchen.

Material

* Vorlage für das Herz (Seite 110)
* Hauptstoff, 91 x 44 cm, und Stoff für Saumeinfassung und Tasche, 110 x 10 cm
* Gummiband, 3 mm breit, 180 cm
* selbstlöschender Textilstift

Größen

Schnitte für Kinder von 2–3, 3–4 und 4–5 Jahren.

Sofern nicht anders angegeben, beträgt die Nahtzugabe 1 cm.

1 Aus dem Hauptstoff ein 24 x 87 (30 x 89/36 x 91) cm großes Rechteck zuschneiden. Eine Längskante zweimal 1 cm breit zum Saum umschlagen, stecken und so nah wie möglich entlang der zweiten Umbruchkante steppen. Bügeln.

2 Den Stoff auf dem Bügelbrett ausbreiten. Rechts und links mit Stecknadeln am Brett fixieren und mit weiteren Stecknadeln alle 15 cm abstecken. Drei 60 cm lange Gummibänder abschneiden. Das Ende eines Bandes an die linke Kante direkt unter der Oberkante heften. Dann das Gummiband in gerader Linie bis zur rechten Stoffkante führen, dabei dehnen und bei jeder Stecknadel das Gummiband markieren. Den Stoff vom Bügelbrett abnehmen. Das Gummiband mit schmalem Zickzackstich (siehe Seite 106) aufnähen, dabei so dehnen, dass die Markierungen mit den Stecknadelpositionen zusammentreffen.

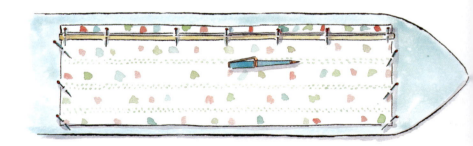

OBERTEILE

3 Das zweite Stück Gummiband etwa 1,5 cm unterhalb des ersten auf die gleiche Weise anbringen, ebenso das dritte Gummiband 1,5 cm tiefer.

4 Vom Stoff für die Einfassung ein Stück von 8 cm Breite und 87 (89/91) cm Länge abschneiden. Die Einfassung rechts auf rechts kantenbündig an der unteren Kante des Tops feststecken und steppen. Die Nahtzugabe nach unten umbügeln. Die Seitenkanten des Tops rechts auf rechts zusammensteppen und die Naht versäubern.

5 Vom Hauptstoff zwei 25 x 8 cm große Rechtecke für die Träger schneiden. Alle Kanten je 1 cm zur linken Seite umbügeln. Die Streifen der Länge nach links auf links zur Hälfte falten, stecken und alle Kanten umsteppen. Durch Anprobe die nötige Länge der Träger ermitteln, die Träger entsprechend an der Innenseite des Tops feststecken, dann festnähen.

6 Die unversäuberte Kante der Einfassung 1 cm breit nach links umbügeln. Die Bruchkante auf der Stoffrückseite genau auf die obere Kante der Einfassung feststecken und von Hand annähen.

OBERTEILE

7 Mithilfe der Vorlage eine Schablone anfertigen (siehe Seite 104) und damit aus dem Stoff für die Tasche zwei Herzen ausschneiden. Beide Teile rechts auf rechts legen, zusammenstecken und steppen, dabei an einer geraden Kante eine kleine Öffnung von etwa 2 cm lassen. Die Nahtzugabe etwas zurückschneiden und an den gerundeten Abschnitten etwas einschneiden. Auf rechts wenden und entlang der Kante ringsherum absteppen.

8 Die Tasche wie abgebildet auf der Vorderseite des Tops feststecken und aufnähen. Am Anfang und am Ende der Naht ein paar Stiche rückwärts- und wieder vorwärtsnähen, so reißt die Tasche nicht so schnell aus. Bügeln.

GESMOKTES TOP

Top mit Schleife

Das farbenfrohe großformatige Muster dieses Baumwolloberteils wurde mit einem einfachen Pünktchenstoff eingefasst. Ein schönes Detail bildet die überdimensionierte Schleife. Das Top wird mit Druckknöpfen im Rücken geschlossen und ist sehr leicht nachzuarbeiten.

1 Mithilfe der Schnitte 34 und 36 aus dem Hauptstoff ein Vorderteil und zwei Rückenteile zuschneiden. Die senkrechten Kanten aller Schnittteile mit Overlock- oder Zickzackstichen versäubern (siehe Seite 106). Die Rückenteile rechts auf rechts mit den Schultern auf das Vorderteil stecken und steppen. Die Nahtzugaben auseinanderbügeln.

2 Die Seitennähte rechts auf rechts stecken und steppen. Auch hier die Nahtzugaben auseinanderbügeln.

Material

* Schnitte 34 und 36 (Schnittmusterbogen)
* Hauptstoff, 110 x 45 cm
* Stoff für Einfassungen, 110 x 55 cm
* 4 mittelgroße Druckknöpfe
* 4 Knöpfe, Ø 2 cm

Größen

Schnitte für Kinder von 2–3, 3–4 und 4–5 Jahren

Sofern nicht anders angegeben, beträgt die Nahtzugabe 1 cm.

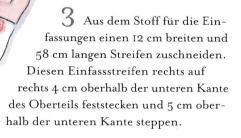

3 Aus dem Stoff für die Einfassungen einen 12 cm breiten und 58 cm langen Streifen zuschneiden. Diesen Einfassstreifen rechts auf rechts 4 cm oberhalb der unteren Kante des Oberteils feststecken und 5 cm oberhalb der unteren Kante steppen.

TOP MIT SCHLEIFE

29

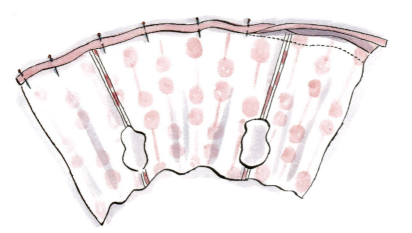

4 Die unversäuberte Kante des Streifens 1 cm nach links umbügeln, dann um die untere Oberteilkante zur linken Seite des Oberteils umschlagen, feststecken und mit Überwendlichstichen festnähen. Bügeln.

5 Aus dem Stoff für die Einfassungen 4 cm breite Schrägstreifen zuschneiden (siehe Seite 107). Einen dieser Streifen rechts auf rechts an die Ausschnittkante stecken und mit der Maschine feststeppen.

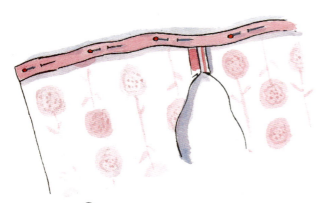
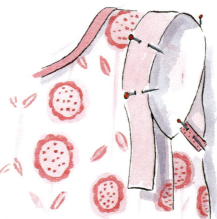

6 Die unversäuberte Kante der Einfassung 1 cm breit zur linken Seite hin umbügeln. Feststecken und mit Überwendlichstichen an der linken Seite des Oberteils festnähen. Bügeln.

7 An beide Armlöcher rechts auf rechts kantenbündig Schrägstreifen stecken und feststeppen. Dabei jeweils ein Ende des Streifens 1 cm breit nach innen umschlagen. Wie beim Halsausschnitt die unversäuberte Kante der Einfassung 1 cm breit zur linken Seite hin umbügeln und das Band mit Überwendlichstichen an der linken Seite des Oberteils festnähen.

OBERTEILE

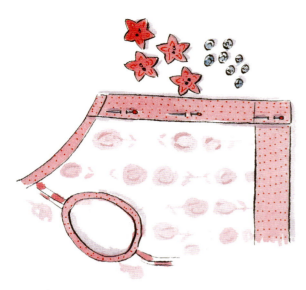

8 Die beiden unversäuberten Kanten der rückwärtigen Mitte einmal 1 cm und einmal 3 cm zur linken Seite umbügeln, feststecken und absteppen. An Innen- und Außenkante Druckknöpfe nähen. Auf den äußeren Rand in gleichmäßigen Abständen die Knöpfe nähen.

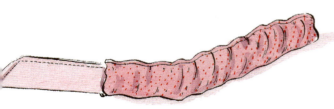

9 Einen Streifen von 6,5 x 80 cm zuschneiden, der Länge nach rechts auf rechts zur Hälfte falten. Ein Ende schräg und entlang der Längskante steppen. Die Ecken nachschneiden und auf rechts wenden. Bügeln, dabei das offene Ende 1 cm breit nach innen einschlagen und mit Überwendlichstichen schräg zunähen. Eine Schleife binden und mit ein paar Stichen am Oberteil befestigen.

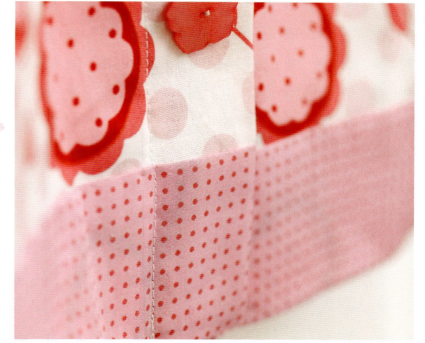

TOP MIT SCHLEIFE

Jungenhemd

Dieses einfach geschnittene Hemd mit aufgesetzten Taschen aus einem kontrastierenden Stoff sieht herrlich altmodisch aus, passt aber toll zu Jeans oder Cargohosen. Der klassische Schnitt eignet sich für viele Stoffe, von farbenfrohen, wilden Mustern bis hin zu artigen Karos.

Material
* Schnitte 8, 14, 25 und 28 (Schnittmusterbogen)
* Hauptstoff, 92 x 102 cm
* Stoffreste in Kontrastfarbe und -muster für Taschen
* 4 Knöpfe, Ø 2 cm

Größen
Schnitte für Kinder von 2–3, 3–4 und 4–5 Jahren

Sofern nicht anders angegeben, beträgt die Nahtzugabe 1 cm.

1 Mithilfe der Schnitte 25 und 28 ein Rückenteil und zwei Vorderteile zuschneiden. Die Kanten an Seiten, Armlöchern und Schultern mit Overlock- oder Zickzackstichen versäubern. Die beiden Vorderteile entlang der Schulternaht rechts auf rechts an das Rückenteil stecken und steppen. Die Nahtzugaben auseinanderbügeln.

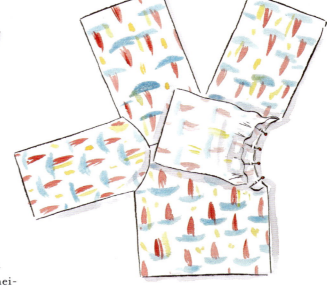

2 Nach Schnitt 14 zwei Ärmel zuschneiden, rechts auf rechts an den Armlöchern feststecken, die Armkugeln dabei gut in die Rundungen einpassen. Steppen, die Nahtzugaben zu den Ärmeln hin bügeln.

3 Die Unterarm- und Seitenkanten rechts auf rechts stecken, dann steppen. Vorder- und Rückenteile sollten genau an der Armlochnaht aufeinanderstoßen. Die Nahtzugaben auseinanderbügeln.

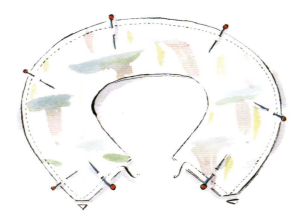

4 Mithilfe von Schnitt 8 zwei Kragenteile zuschneiden. Diese Teile rechts auf rechts an der Außenkante zusammensteppen, dabei an jeder Seite 1 cm vor der Innenkante aufhören. Die Ecken abschneiden und die Nahtzugaben zurückschneiden. Auf rechts wenden und bügeln.

5 Die offene Seite des Kragens durch beide Lagen hindurch mit Overlock- oder Zickzackstichen versäubern. Den Kragen von rechts an die Ausschnittkante stecken, mittig ausrichten und feststeppen.

6 Die Kanten beider Vorderteile 1 cm breit zur linken Seite hin umschlagen und steppen. Dann ein weiteres Mal 3 cm breit zur rechten Seite umschlagen und nur die obere Kante steppen. Auf rechts wenden, dabei die Ecken sorgfältig ausformen.

7 Die Vorderteile so bügeln, dass 3 cm breite Knopfleisten entstehen, diese durch Absteppen fixieren.

OBERTEILE

8 Die untere Hemdkante zweimal 1 cm breit zum Saum umschlagen, feststecken und steppen. In der gleichen Weise mit den Ärmelkanten verfahren. Bügeln.

9 Aus dem Taschenstoff zwei 22 x 11 cm große Rechtecke zuschneiden, diese rechts auf rechts zur Hälfte falten und die drei offenen Kanten zusammensteppen, jeweils an einer Seite 2,5 cm offen lassen. Ecken abschneiden, auf rechts wenden, bügeln. Die Taschen auf den Vorderteilen des Hemdes etwa 5 cm oberhalb der unteren Kante feststecken. Die Bruchkante bildet die Eingriffkante. So knappkantig wie möglich absteppen, eine zweite Steppnaht direkt danebensetzen. Bügeln.

10 Die Knopflöcher anzeichnen, nähen (siehe Seite 108) und sorgfältig aufschneiden. Die Knöpfe an den entsprechenden Stellen der anderen Knopfleiste annähen.

JUNGENHEMD

HOSEN 3

Hose mit Dehnbund

Mit diesem Grundschnitt lassen sich verschiedene Hosenmodelle für Mädchen und Jungen realisieren, zum Beispiel mit schmaleren Hosenbeinen oder mit ganz kurzen für den Sommer. Aufgesetzte Taschen, bestickt oder gemustert, sind ebenso dekorativ wie praktisch.

Material
* Schnitte 15 und 30 (Schnittmusterbogen)
* Hauptstoff, 142 x 90 cm
* Stoffreste für Taschen und Bindeband
* Schrägband, 65 cm
* Gummiband, 13 mm breit, 58 cm

Größen
Schnitte für Kinder von 2–3, 3–4 und 4–5 Jahren

Sofern nicht anders angegeben, beträgt die Nahtzugabe 1 cm.

1 Mithilfe der Schnitte 15 und 30 die Hosenteile zuschneiden: für das rechte Hosenbein ein Vorder- und ein rückwärtiges Teil und für das linke Hosenbein ebenso. Die Kanten versäubern. Die rechten Hosenteile an der äußeren Kante rechts auf rechts aufeinanderstecken und steppen, dann die innere Kante ebenso arbeiten. Mit den linken Hosenteilen genauso verfahren. Die Nahtzugaben auseinanderbügeln.

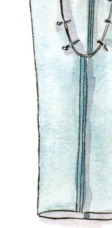

2 Eines der beiden Hosenbeine auf rechts wenden und rechts auf rechts in das andere Hosenbein stecken. Die Schrittnaht zusammenstecken und schließen, Innen- und Außennähte müssen exakt übereinanderliegen. Die Nahtzugabe auf etwa 5 mm zurückschneiden und versäubern.

3 Die obere Kante 1 cm breit und ein weiteres Mal 2 cm breit zur linken Seite hin umschlagen. Stecken und knapp absteppen, eine etwa 2,5 cm lange Öffnung lassen. Hier wird das Gummiband in den Saum gezogen. Bügeln.

HOSEN
38

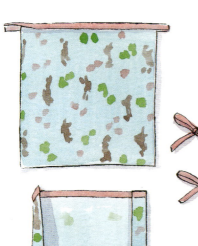

4 Aus dem Taschenstoff zwei 14 x 12 cm große Rechtecke schneiden. Für jede Tasche Schrägstreifen an die obere Kante stecken und feststeppen. Zwei Schleifen aus Schrägband binden und von Hand darauf festnähen. Die drei restlichen Kanten 1 cm breit zur linken Seite hin umschlagen.

5 Die Taschen auf die Vorderseite der Hose stecken und feststeppen.

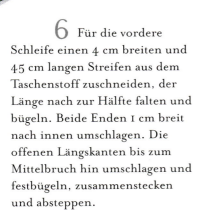

6 Für die vordere Schleife einen 4 cm breiten und 45 cm langen Streifen aus dem Taschenstoff zuschneiden, der Länge nach zur Hälfte falten und bügeln. Beide Enden 1 cm breit nach innen umschlagen. Die offenen Längskanten bis zum Mittelbruch hin umschlagen und festbügeln, zusammenstecken und absteppen.

7 Das Gummiband durch den Tunnelsaum ziehen, die beiden Enden zusammennähen und die Saumöffnung schließen (siehe Seite 108). Die Hosenbeine einmal 1 cm und einmal 2 cm nach links zum Saum umschlagen, bügeln, stecken und knappkantig absteppen. Aus dem in Schritt 6 gefertigten Band eine Schleife binden und von Hand vorn unterhalb des Dehnbundes annähen.

Cargohose

Diese Cargohose ist praktisch und sieht klasse aus. Wählen Sie einen robusten Stoff und sorgen Sie für große Taschen, in denen sich viele kleine Schätze aufbewahren lassen. Pfiffig wirken Hosenaufschläge und Taschenfutter aus einem fröhlich gemusterten Stoff.

1 Mithilfe der Schnitte 2 und 7 zwei Hosenteile zuschneiden: für das rechte Hosenbein ein Vorder- und ein rückwärtiges Teil und für das linke Hosenbein ebenso. Alle Längskanten versäubern. Die linken Hosenteile an der äußeren Kante rechts auf rechts aufeinanderstecken und steppen, dann die innere Kante stecken und steppen. Ebenso mit den rechten Hosenteilen verfahren. Die Nahtzugaben auseinanderbügeln.

2 Eines der beiden Hosenbeine auf rechts wenden und rechts auf rechts in das andere Hosenbein stecken. Die Schrittnaht kantenbündig zusammenstecken und schließen. Auf rechts wenden.

3 Aus dem gemusterten Stoff einen 5 cm breiten und 66 (72/78) cm langen Streifen zuschneiden. Beide Enden 1 cm breit nach innen umschlagen und bügeln. Den Streifen rechts auf rechts so an die obere Kante der Hose stecken, dass die Enden an der rückwärtigen Hosennaht ausgerichtet sind.

Material

* Schnitte 2 und 7 (Schnittmusterbogen)
* Hauptstoff, 120 x 60 cm
* gemusterter Stoff, 96 x 36 cm
* Gummiband, 2 cm breit, 50 cm
* 2 Knöpfe, Ø 15 mm

Größen

Schnitte für Kinder von 2–3, 3–4 und 4–5 Jahren

Sofern nicht anders angegeben, beträgt die Nahtzugabe 1 cm.

CARGOHOSE

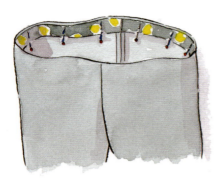

4 Den Streifen zur linken Hosenseite hin umbügeln und die Kante des Streifens 1 cm breit umschlagen. So nahe der Bruchkante wie möglich feststeppen. An der oberen Kante ein weiteres Mal absteppen.

5 Für die Hosenaufschläge aus dem gemusterten Stoff zwei 12 x 42 cm große Rechtecke zuschneiden, der Breite nach rechts auf rechts zur Hälfte falten und zu Schläuchen zusammennähen. Die Hose auf links wenden. Den Schlauch rechts auf links auf das Hosenbein ziehen, kantenbündig zusammenstecken und steppen.

6 Die Hose auf rechts wenden, die Aufschläge hervorziehen und die Kante 1 cm zur linken Stoffseite hin umbügeln. Diese Kante an die untere Hosenbeinkante (Nahtlinie aus Schritt 5) stecken und absteppen. Bügeln.

7 Für die Riegel aus dem Hauptstoff und dem gemusterten Stoff jeweils zwei 11 x 5,5 cm große Rechtecke zuschneiden. Je zwei verschiedene Rechtecke rechts auf rechts zusammenstecken und eine kurze und zwei lange Seiten zusammensteppen. Wenden, ringsum doppelt absteppen. Jeweils ein Ende der Riegel 2 cm breit nach innen umschlagen und von innen an der Außenseite des Hosenbeins feststeppen. Die Hose auf rechts wenden, den Aufschlag nach oben umschlagen und den Riegel mit einem Knopf darüber befestigen.

8 Für die Taschen aus dem Hauptstoff sowie aus dem gemusterten Stoff jeweils zwei 17 x 15 (18,5 x 16,5/20 x 18) cm große Rechtecke zuschneiden. Je zwei verschiedene Rechtecke rechts auf rechts zusammensteppen, eine kurze Öffnung lassen. Die Ecken nachschneiden und auf rechts wenden. Bügeln. Die obere Kante doppelt absteppen. Mit 1 cm Abstand die anderen drei Kanten absteppen. Die Taschen auf den Hosenbeinen positionieren und knappkantig an den beiden Seiten und unten feststeppen.

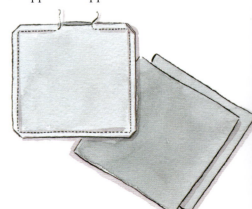

9 Für die Taschenklappen aus dem Hauptstoff und aus dem gemusterten Stoff jeweils zwei 17 x 6 (18,5 x 8,5/20 x 9) cm große Rechtecke zuschneiden. Immer zwei verschiedene Rechtecke rechts auf rechts zusammenstecken und an beiden kurzen Seiten sowie an einer langen Seite steppen, dabei die Naht an der langen Seite am Anfang und Ende ein wenig abrunden. Die Ecken nachschneiden und auf rechts wenden. Die soeben genähten Seiten absteppen. Die offene Seite 1 cm breit nach innen umschlagen, direkt über den Taschen positionieren und knapp neben der oberen Kante absteppen, dann ein weiteres Mal etwa 1 cm darunter absteppen.

10 Das Gummiband durch den Tunnel im Taillensaum ziehen, die beiden Enden zusammennähen und die Saumöffnung schließen (siehe Seite 108). Bügeln.

CARGOHOSE

Caprihose

Diese aus nostalgischem Blümchenstoff hergestellte, niedliche Caprihose erhält durch die flache vordere Taille einen edlen, maßgeschneiderten Look, während der rückwärtige Elastikeinsatz bequemen Sitz garantiert. Für Shorts die Hosenbeine entsprechend kürzen, säumen oder mit Rüschen versehen.

Material

* Schnitte 1, 20 und 32 (Schnittmusterbogen)
* Hauptstoff, 110 x 70 cm
* Stoffreste für Rüschen und Taschen
* Ripsband, 9 mm breit, ca. 90 cm
* Gummiband, 12 mm breit, ca. 25 cm

Größen

Schnitte für Kinder von 2–3, 3–4 und 4–5 Jahren

Sofern nicht anders angegeben, beträgt die Nahtzugabe 1 cm.

1 Mithilfe der Schnitte 20 und 32 aus dem Hauptstoff die rechten und linken Hosenteile zuschneiden, jeweils ein Vorder- und ein rückwärtiges Teil. Die Kanten mit Overlock- oder Zickzackstichen versäubern. Nach Schnitt 1 die zwei Stoffteile für den Taillenbund zuschneiden. Diese Teile rechts auf rechts in der vorderen Mitte zusammensteppen. Die Nahtzugabe zurückschneiden und bügeln.

2 Die vorderen und rückwärtigen Hosenteile jeweils rechts auf rechts an der inneren Kante zusammenstecken und steppen. Die Nahtzugaben auseinanderbügeln.

3 Die beiden Hosenhälften rechts auf rechts zusammenstecken und an der Schrittnaht zusammensteppen.

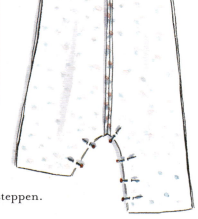

4 Den Bund kantenbündig rechts auf rechts vorn auf die Hose stecken und steppen. Dann nach oben umschlagen und bügeln. Das Ripsband auf die Hosenbundnaht stecken und absteppen.

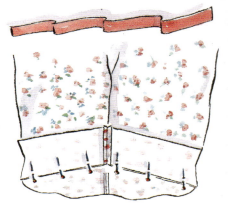

HOSEN

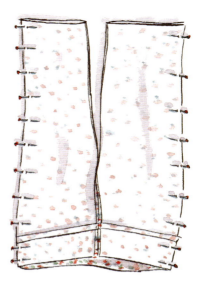

5 Die Außenkanten der Hose rechts auf rechts stecken und steppen. Die Nahtzugaben auseinanderbügeln.

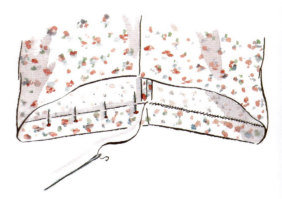

6 Die unversäuberte Kante des vorderen Hosenbundes einmal 1 cm und einmal 2 cm zur linken Seite hin umschlagen. Feststecken und mit Überwendlichstichen entlang der Naht von Schritt 4 festnähen. Aus dem Ripsband zwei Schleifen binden und von Hand aufnähen.

HOSEN

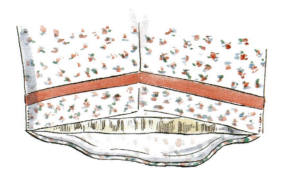

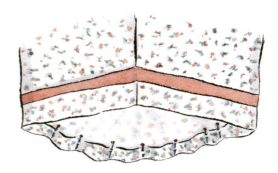

7 Für den rückwärtigen Elastikbund das Ende eines Gummibands, das bequem die Hälfte der Taille des Kindes umspannt, seitlich im vorderen Taillenbund mit ein paar Maschinenstichen befestigen. Das andere Ende auf der anderen Seite ebenfalls befestigen.

8 Die rückwärtige obere Kante 1 cm breit umschlagen, dann ein weiteres Mal so umschlagen, dass dabei das Gummiband eingeschlossen wird. Feststecken und entlang der unteren Kante absteppen.

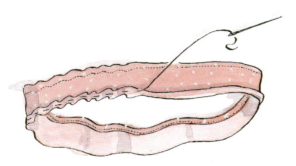

9 Für die Rüschen aus einem kontrastierenden Stoff zwei 4 cm breite und 56 (58/60) cm lange Streifen zuschneiden. Die Enden jeweils so rechts auf rechts aufeinanderstecken und steppen, dass zwei Schläuche entstehen. Die Nahtzugaben auseinanderbügeln. Die unteren Kanten der beiden Rüschen zweimal je 5 mm breit zur linken Seite hin umschlagen. Stecken und so knappkantig wie möglich absteppen. Bügeln.

10 Die oberen Rüschenkanten 5 mm breit zur rechten Seite hin umbügeln. Entlang der oberen Kante mit Vorstichen einen Faden durchziehen und damit den Stoff auf die Weite des Hosenbeins kräuseln (siehe Seiten 106–107). Die Hosenbeine zweimal je 1 cm breit zur linken Seite hin umschlagen und heften. Die Rüschen an die Innenkante des Hosensaums stecken und heften. Die Rüschen mit jeweils zwei Nähten feststeppen. Bügeln.

CAPRIHOSE

Strampelhöschen

Dieses niedliche Strampelhöschen ist praktisch und schick zugleich. Es lässt sich leicht an- und ausziehen und bietet auch für die dicksten Windeln genügend Platz. Wählen Sie für ein Sommerhöschen einen gemusterten Baumwollstoff in einer leicht steifen Qualität und für den Winter Cord- oder Jeansstoffe.

1 Mithilfe der Schnitte 13 und 38 zwei vordere und zwei rückwärtige Hosenteile zuschneiden. Darauf achten, den Schnitt jeweils zu wenden, sodass zwei linke und zwei rechte Hosenteile entstehen. Die inneren und äußeren sowie die runden Kanten sämtlicher Teile mit Overlock- oder Zickzackstichen versäubern. Die linken Hosenteile an der inneren Kante rechts auf rechts aufeinanderstecken und steppen. In derselben Weise mit den rechten Hosenteilen verfahren. Die Nahtzugaben auseinanderbügeln.

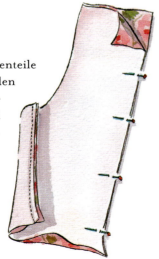

2 Die rechten Hosenteile rechts auf rechts an den äußeren Kanten aufeinanderstecken und steppen. Ebenso mit den linken Hosenteilen verfahren. Nahtzugaben auseinanderbügeln.

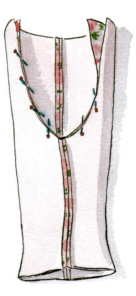

3 Ein Hosenbein auf rechts wenden und rechts auf rechts in das andere Hosenbein stecken. Zusammenstecken, sodass die Innennähte exakt übereinanderliegen. Die Schrittnaht schließen. Nahtzugabe auf 5 mm zurückschneiden und mit Overlock- bzw. Zickzackstichen versäubern. Auf rechts wenden.

Material

* Schnitte 13 und 38 (Schnittmusterbogen)
* Hauptstoff, 100 x 70 cm
* darauf abgestimmter Stoff, 80 x 20 cm
* Gummiband für Taille, 15 mm breit, 45 cm
* Gummiband für Hosensäume, 6 mm breit, 65 cm
* breite Zackenlitze, 85 cm

Größen

Schnitte für Kinder von 6–12 und 12–18 Monaten

Sofern nicht anders angegeben, beträgt die Nahtzugabe 1 cm.

4 Aus dem zweiten Stoff einen Streifen von 6 x 64 cm zuschneiden. Die beiden Enden 1 cm breit zur linken Seite hin umschlagen und bügeln. Den Streifen entlang der oberen Hosenkante rechts auf rechts feststecken, dabei die umgeschlagenen Streifenenden an der rückwärtigen Mittelnaht ausrichten. Mit 1 cm Abstand zur oberen Kante feststeppen.

5 Die unversäuberte Kante des Streifens 1 cm breit zur linken Seite hin umschlagen und bügeln. An der Innenseite der Hose feststecken und steppen. Für einen sauberen Abschluss knapp neben der oberen Kante ein weiteres Mal absteppen.

6 Zwei Zackenlitzen dem Hosensaumumfang entsprechend mit einer kleinen Zugabe abschneiden. An die untere Hosenkante stecken und heften, dabei die Kante der Zackenlitze an der unversäuberten Hosenkante ausrichten und die Enden etwas überlappen lassen.

7 Aus dem zweiten Stoff zwei 5 cm breite Streifen in der Länge des Hosensaumumfangs mit einer Zugabe von 2,5 cm zuschneiden. Die Streifenenden jeweils 1 cm breit zur linken Seite hin umschlagen. Die Streifen kantenbündig rechts auf rechts an die unteren Hosenkanten stecken, dabei die umgeschlagenen Enden der Streifen an der inneren Hosennaht beginnen und enden lassen. 1 cm breit neben der Kante feststeppen.

HOSEN

8 Die Hose auf links wenden. Die obere Streifenkante 1 cm breit nach innen bügeln, an der Innenseite der Hose feststecken und absteppen. 2 cm unterhalb dieser Naht eine weitere Naht setzen, um einen Tunnel zu bilden, durch den sich das Gummiband ziehen lässt.

9 An ein Ende des breiteren Gummibandes eine Sicherheitsnadel anbringen und das Band durch den Tunnel in der Taille ziehen und an der Öffnung zur gewünschten Breite zusammenziehen. Die Enden des Gummibandes fest zusammennähen und in den Tunnel gleiten lassen. Die Öffnung mit ein paar Überwendlichstichen (siehe Seite 105) schließen.

10 In der gleichen Weise die schmaleren Gummibänder durch die Tunnelzüge an den Hosenbeinen ziehen. Die Hosenbeine zur gewünschten Breite raffen. Die Enden des Gummibandes fest zusammennähen und in den Tunnel gleiten lassen. Die Öffnung mit ein paar Überwendlichstichen schließen.

STRAMPELHÖSCHEN

RÖCKE & KLEIDER 4

Cordrock

Cord eignet sich wegen seiner robusten Qualität wunderbar für Kinderkleidung. Hier wurde er mit einem hübschen Blümchenstoff und einem wunderschönen Samtbändchen verziert. Der Rock wird unter Verwendung der kompletten Stoffbreite gearbeitet, die Länge lässt sich an das gewünschte Maß anpassen.

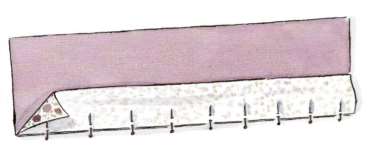

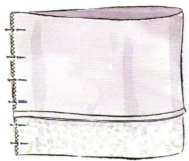

1 Unter Verwendung der vollen Stoffbreite ein 24 (26/28) cm langes Stück des Cordstoffes sowie ein 15 cm langes Stück des Blümchenstoffes abschneiden. Den Blümchenstoff rechts auf rechts an der unteren Kante des Cordstoffes feststecken und steppen. Die Nahtzugabe zum Blümchenstoff hin bügeln.

2 Die kurzen Kanten mit Overlock- oder Zickzackstichen versäubern. Das Stoffstück in der Breite rechts auf rechts kantenbündig zur Hälfte falten. Stecken und zu einem Schlauch zusammensteppen. Die Nahtzugaben auseinanderbügeln. Auf rechts wenden.

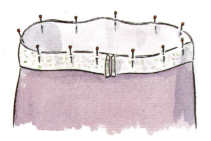

3 Aus dem Blümchenstoff ein 5,5 cm breites Stück in der vollen Breite des Cordstoffes zuschneiden. Beide Streifenenden 1 cm breit zur linken Stoffseite hin umschlagen und bügeln. Dann das Stück rechts auf rechts an die obere Rockkante stecken und steppen.

Material

* Vorlage für die Tasche (Seite 110)
* Cordstoff, 115 x 35 cm
* Blümchenstoff, 115 x 20 cm
* Gummiband, 2 cm breit, ca. 50 cm
* Samtband, 18 mm breit, ca. 120 cm
* Knopf, Ø ca. 2 cm

Größen

Schnitte für Kinder von 2–3, 3–4 und 4–5 Jahren

Sofern nicht anders angegeben, beträgt die Nahtzugabe 1 cm.

4 Den Rock auf links wenden. Die obere Kante des oberen Blümchenstreifens 1 cm breit zur linken Seite hin umbügeln. Den Blümchenstreifen an der Nahtlinie umschlagen und an der Innenseite des Rockes feststecken. So knappkantig wie möglich absteppen, dabei eine kleine Öffnung von 2,5 cm lassen. Ein weiteres Mal knapp unterhalb der oberen Kante absteppen.

5 Mithilfe der Vorlage aus Cord- und Blümchenstoff jeweils eine Tasche zuschneiden. Die Teile rechts auf rechts aufeinanderstecken und zusammensteppen, dabei eine kleine Öffnung lassen. Die Nahtzugabe zurückschneiden und auf rechts wenden. Bügeln. Entlang der oberen Kante eine Reihe Vorstiche (siehe Seite 106) arbeiten, um die Tasche auf ca. 6 cm Breite zu kräuseln. Die Falten mit Handstichen fixieren.

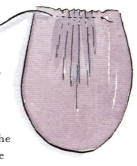

6 Aus Blümchenstoff ein 8 x 4 cm großes Stück zuschneiden und rechts auf rechts an die obere Taschenkante steppen. Die beiden kurzen Seiten 1 cm breit umschlagen, das Stoffstück zur Taschenrückseite hin umschlagen und mit Überwendlichstichen befestigen.

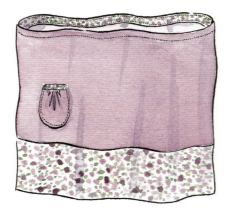

7 Die Tasche auf dem Rock feststecken. So knappkantig wie möglich absteppen. Die untere Rockkante 1 cm breit zur linken Seite hin umbügeln. Diese Umbruchkante zur linken Rockseite hin umschlagen, an der Ansatznaht des Blümchenstoffes ausrichten und feststecken.

8 Das Samtband auf der rechten Rockseite auf die Ansatznaht des Blümchenstoffes stecken und die Kanten knappkantig absteppen, dabei die Enden des Bandes nach innen umschlagen und etwas überlappen lassen.

9 Das Gummiband in der Breite der oberen Kante mit einer kleinen Zugabe abschneiden. Mit einer Sicherheitsnadel durch den Tunnel ziehen (siehe Seite 108). Die Bandenden mit Maschinenstichen fest zusammennähen und die Öffnung schließen (siehe Seite 105).

10 Aus einem ca. 19 cm langen Stück Samtband eine Schlaufe formen und mit Handstichen fixieren. Ein weiteres, ca. 5,5 cm langes Stück um die Mitte der Schlaufe wickeln, sodass eine Schleife entsteht und festnähen. Diese Schleife von Hand an der Vorderseite des Rockes auf das Samtband nähen. Die Tasche mit einem Knopf verzieren.

Ballonrock

Dieses großartige Röckchen ist ganz leicht zu arbeiten und eignet sich für viele Gelegenheiten. Aus einem gemusterten Baumwollstoff hergestellt, wird daraus ein praktischer und bequemer Alltagsrock, aus einem schönen Samtstoff und einem passenden Futterstoff ein Festtagsrock, den kleine Mädchen lieben werden. Zu dicke Stoffe sollten Sie jedoch vermeiden – der Rock würde zu voluminös geraten.

Material

- *Schnitte 4, 11 und 12 (Schnittmusterbogen)*
- *Hauptstoff, 90 x 100 cm*
- *Futterstoff, 60 x 100 cm*
- *mittelstarke Bügeleinlage, 50 x 20 cm*
- *2 Knöpfe, Ø 15 mm*
- *Knopflochgummiband, 18 mm breit, 35 cm*
- *Samtband, 25 mm breit, 127 cm*

Größen

Schnitte für Kinder von 2–3, 3–4 und 4–5 Jahren

Sofern nicht anders angegeben, beträgt die Nahtzugabe 1 cm.

1 Mithilfe von Schnitt 4 zwei Teile aus dem Hauptstoff zuschneiden. Beide Teile rechts auf rechts aufeinanderlegen, die beiden kurzen Seiten stecken und zusammensteppen. Die Nahtzugaben auseinanderbügeln.

2 Entlang der Unterkante Vorstiche setzen und die Kante kräuseln (siehe Seiten 106–107). Das Stück beiseitelegen, dabei den Faden für Schritt 4 lose hängen lassen.

3 Mithilfe von Schnitt 12 zwei Futterteile zuschneiden. Diese beiden Teile rechts auf rechts aufeinanderlegen, stecken und die Seitennähte schließen. Die Nahtzugaben auseinanderbügeln.

RÖCKE & KLEIDER

TIPP

Dieser Ballonrock benötigt für einen fröhlichen und modernen Look Stoffe mit sehr kräftigen Farben und Mustern. Wenn Sie Taschen hinzufügen möchten, folgen Sie den entsprechenden Schritten in der Anleitung für den Cordrock mit Dehnbund und befestigen Sie diese, bevor Sie den Rock in der Taille kräuseln und den Taillenbund annähen.

4 Rockteil rechts auf rechts über das Futterteil ziehen. Das Rockteil so kräuseln (siehe Seiten 106–107), dass das Futterteil gut eingepasst ist und die Seitennähte beider Teile übereinanderliegen. Um die gekräuselte Rockweite zu fixieren, den Faden am Ende der Vorstichreihe mit Stichen sichern. Das Futterteil am Rockteil feststecken und steppen (gleichmäßige Kräuselfalten!).

5 Rock- und Futterteil auseinanderziehen und die Naht flach bügeln. Das Futterteil in den Rock stecken. Entlang der Oberkante des Rockteils (aber nicht des Futters) Vorstiche setzen, Kante so kräuseln, dass das Futter gut eingepasst ist, die Seitennähte beider Teile müssen exakt übereinanderliegen. Die Vorstichreihe sichern. Das Futterteil an das gekräuselte Rockteil heften.

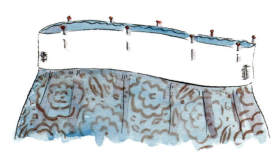

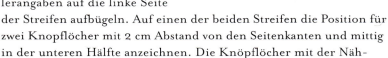

6 Mithilfe von Schnitt 11 aus Futterstoff und Bügeleinlage jeweils zwei Streifen für den Taillenbund zuschneiden. Die Bügeleinlage nach Herstellerangaben auf die linke Seite der Streifen aufbügeln. Auf einen der beiden Streifen die Position für zwei Knopflöcher mit 2 cm Abstand von den Seitenkanten und mittig in der unteren Hälfte anzeichnen. Die Knöpflöcher mit der Nähmaschine nähen und aufschneiden (siehe Seite 108).

7 Beide Streifen rechts auf rechts aufeinanderstecken und die Seitennähte so schließen, dass sich ein Schlauch bildet. Die Nahtzugaben auseinanderbügeln. Den Taillenbund rechts auf rechts an die obere Rockkante stecken; darauf achten, dass sich die Knopflöcher an der unteren Bundkante befinden und die unversäuberten Kanten sowie die Seitennähte genau übereinanderliegen. Feststeppen.

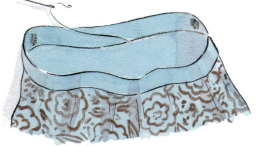

8 Die Knopflochseite des Taillenbundes 1 cm breit zur linken Seite hin umschlagen. An der Innenseite des Rockes feststecken und mit Überwendlichstichen festnähen (siehe Seite 105).

RÖCKE & KLEIDER

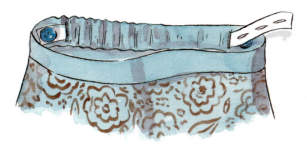

9 Die Knöpfe etwa 2 cm neben den Knopflöchern annähen. Mit einer Sicherheitsnadel ein 30 cm langes Stück Knopflochgummiband durch die Knopflöcher in den Tunnel einziehen und ein Ende am Knopf befestigen. Die Sicherheitsnadel entfernen, den Rock zur Ermittlung der Weite anprobieren und das andere Ende des Gummibandes am anderen Knopf befestigen.

10 Aus einem Samtbandstück eine Schlaufe formen. In der Mitte mit ein paar Stichen fixieren. Diese Stiche ein wenig zusammenziehen, um das Band zu kräuseln. Ein weiteres 10 cm langes Stück abschneiden und so um die Schlaufenmitte legen, dass die Enden an der Unterseite verborgen sind. Dabei entsteht eine Schleife. Die Enden eines weiteren 40 cm langen Stückes wie abgebildet verkreuzen. An den Rock stecken, das Schleifenteil daraufsetzen und alles festnähen.

Stufenrock

Dieser Rock wird aus drei leicht gekräuselten Stoffstreifen hergestellt und schwingt dadurch schön. Für einen leichten Sommerrock eignet sich feiner Baumwollstoff am besten, für den Winter bieten sich Cord oder Leinen an.

1 Die drei Stoffstreifen nach den angegebenen Maßen zuschneiden (falls die Stoffbreite nicht ausreicht, lässt sich ein Streifen auch aus zwei Stoffstücken zusammensetzen). Unterkante und beide Seiten des oberen Streifens mit Overlock- oder Zickzackstichen versäubern. Beide Seitenkanten rechts auf rechts aufeinanderstecken und steppen. Nahtzugaben auseinanderbügeln. Die obere Kante 1 cm breit und ein weiteres Mal 2 cm breit zur linken Seite hin umschlagen. Feststecken und steppen, dabei in der Naht eine Öffnung von etwa 3 cm für das Gummiband lassen.

2 Den mittleren Streifen rundherum mit Overlock- oder Zickzackstichen versäubern. Entlang der Oberkante Vorstiche arbeiten (siehe Seite 106). Durch Ziehen am Faden den Streifen so weit kräuseln (siehe Seiten 106–107), dass er in der Weite der unteren Kante des oberen Streifens entspricht.

3 Den gerafften mittleren Streifen rechts auf rechts an die untere Kante des oberen Streifens stecken, die Kräuselfalten sollten gleichmäßig verteilt sein. Erst heften, dann feststeppen. Um den unteren Streifen anzufügen, die Schritte 2 und 3 wiederholen.

4 Die untere Rockkante erst 1 cm breit und ein weiteres Mal 1 cm breit zur linken Seite hin umschlagen, feststecken und steppen. Bügeln. Auf beide Verbindungsnähte das Zierband stecken und feststeppen, dabei die Enden nach innen umschlagen. Bügeln. Ein 47 (49/51) cm langes Stück Gummiband abschneiden. Das Band durch den Taillentunnel ziehen und die Enden zusammennähen (siehe Seite 108). Die Öffnung des Tunnels mit Maschinenstichen schließen.

Material

* Stoff A (oberer Streifen), 93 x 14 (95 x 16/97 x 18) cm
* Stoff B (mittlerer Streifen), 113 x 11 (115 x 13/117 x 15) cm
* Stoff C (unterer Streifen), 133 x 12 (135 x 14/137 x 16) cm
* Falls für Stoff C die Stoffbreite nicht ausreicht, können auch zwei Stücke zusammengesetzt werden
* Zierband, 9 mm breit, 210 cm
* Gummiband, 15 mm breit, 51 cm

Größen

Schnitte für Kinder von 2–3, 3–4 und 4–5 Jahren

Sofern nicht anders angegeben, beträgt die Nahtzugabe 1 cm.

STUFENROCK

Schürzenkleid

Der klassische Schnitt dieses Schürzenkleidchens steht Kindern aller Größen. Durch das Futter wirkt es exakt und sauber verarbeitet und eignet sich daher sowohl für Alltags- als auch für Festtagskleidung. Das Blumendetail aus Stoffrosetten sorgt für ein modernes Aussehen und lässt sich sehr leicht aus farblich abgestimmten Stoffresten herstellen. Die Rosetten gut festnähen, damit sie viele Waschgänge und ausgiebiges Tragen gut überstehen.

Material

* Schnitte 21 und 26 (Schnittmusterbogen) und Vorlage für die Blätter (Seite 111)
* Hauptstoff, 134 x 72 cm
* Futterstoff, 134 x 72 cm
* Stoffreste für Blumen und Blätter
* Haftvlies, ca. 20 x 8 cm
* Band für Stängel, 6 mm breit, ca. 45 cm
* 3 Knöpfe für Blumen, Ø 2 cm
* 4 Knöpfe für rückwärtige Öffnung, Ø 2 cm

Größen

Schnitte für Kinder von 2–3, 3–4 und 4–5 Jahren

Sofern nicht anders angegeben, beträgt die Nahtzugabe 1 cm.

1 Mithilfe der Schnitte 21 und 26 aus dem Haupt- und Futterstoff je ein Vorder- und zwei Rückenteile (ein rechtes und ein linkes) zuschneiden. Die Rückenteile aus dem Hauptstoff rechts auf rechts an den Schulternähten auf das Hauptstoff-Vorderteil stecken und feststeppen. Die Nahtzugaben auseinanderbügeln. Ebenso mit den Teilen aus Futterstoff vorgehen.

2 Das Futterteil rechts auf rechts auf das Teil aus dem Hauptstoff an Hals- und Armausschnitt feststecken und steppen, darauf achten, dass die Schulternähte exakt übereinanderliegen. Nahtzugabe auf ca. 5 mm zurückschneiden. Auf rechts wenden, indem die Rückenteile durch die Schulterträger gezogen werden. Sämtliche Nähte flach bügeln.

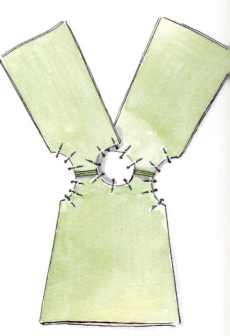

RÖCKE & KLEIDER

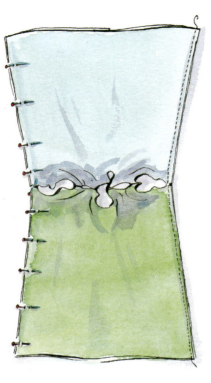

3 Die Seitennähte des Futters rechts auf rechts zusammenstecken und steppen. In derselben Weise mit dem Kleid vorgehen. Die Nahtzugaben auseinanderbügeln.

4 Von dem Zierband drei Stücke von 19, 14 und 11 cm Länge abschneiden. Diese Stücke als Blumenstängel in gleichmäßigen Abständen auf die Vorderseite des Kleides stecken und an beiden Seiten so knappkantig wie möglich aufsteppen. Aus drei Stoffkreisen von 11 cm Durchmesser nach der Anleitung auf Seite 69 Stoffrosetten formen. Diese an den oberen Enden der Bänder fest von Hand annähen. In die Mitte jeder Rosette einen Knopf nähen.

5 Das Haftvlies auf die linke Seite des für die Blätter vorgesehenen Stoffes nach Herstellerangaben aufbügeln. Mithilfe der Vorlage vier Blätterformen ausschneiden, an den Stängeln auf dem Kleid festbügeln und knappkantig aufsteppen.

6 Die untere Kante des Kleides 1 cm breit und ein weiteres Mal 1 cm breit zur linken Seite hin umbügeln. Den Kleidsaum feststecken und steppen. Bügeln. Die untere Kante des Futters 1,5 cm breit und ein weiteres Mal 1,5 cm breit zur linken Seite hin umschlagen. Wie den Kleidsaum feststecken, steppen und bügeln.

RÖCKE & KLEIDER

7 Die Rückenteile fertigstellen: Beide Kanten der rückwärtigen Mitte erst 1 cm und dann 2 cm breit zur linken Seite hin umschlagen. Stecken und beide Längskanten sowie die oberen und unteren Kanten des Umschlags feststeppen.

8 Die Knopflöcher mit Abständen von 12 cm anzeichnen (siehe Seite 108). Die Knopflöcher nähen und aufschneiden. An der anderen Kante die Knöpfe an den entsprechenden Gegenstellen annähen. Bügeln.

SCHÜRZENKLEID

Hängerchen

Der Reiz dieses Kleides liegt im Detail. Es ist sehr leicht und schnell nachzuarbeiten und benötigt nur eine kleine Stoffmenge. Eine Stoffrosette bildet einen gelungenen Abschluss, der Saum wird mit Zierbändern geschmückt. Sie können aus der Rosette auch eine Brosche machen, indem Sie an der Rückseite eine Sicherheits- oder Broschennadel festnähen.

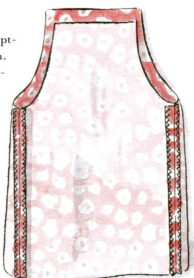

1 Mithilfe der Schnitte 22 und 29 aus dem Hauptstoff ein Vorder- und ein Rückenteil zuschneiden. Die geraden Kanten mit Overlock- oder Zickzackstichen versäubern. Vorder- und Rückenteil rechts auf rechts aufeinanderstecken und die Seitennähte schließen. Die Nahtzugaben auseinanderbügeln.

2 Mithilfe der auf den Schnitten befindlichen Linien aus demselben Stoff (oder auch einem darauf abgestimmten Stoff) ein vorderes und rückwärtiges Futterteil zuschneiden. Diese Futterteile rechts auf rechts aufeinanderstecken und die Seitennähte schließen. Für den Saum die untere Kante 1 cm breit und ein weiteres Mal 1 cm breit zur linken Seite hin umschlagen, feststecken und steppen. Bügeln.

3 Das Kleid auf rechts wenden. Das Futterteil rechts auf rechts darüberstreifen. Kleid und Futterteil entlang der Armöffnung zusammenstecken und steppen. Die Nahtzugabe mit kleinen Schnitten versehen und auf rechts wenden. Bügeln.

Material

* Schnitte 22 und 29 (Schnittmusterbogen)
* Stoff, 100 x 100 cm
* 2 Zierbänder, 1 cm breit, je 120 cm
* Stoffreste für Rosette, mindestens 20 x 20 cm
* Knopf, Ø ca. 2 cm

Größen

Das Kleid ist 36 cm breit und kann in der Länge entsprechend angepasst werden.

Sofern nicht anders angegeben, beträgt die Nahtzugabe 1 cm.

4 Die vordere und rückwärtige obere Kante 1 cm breit und dann 1,5 cm breit zur linken Seite hin umschlagen. Feststecken und für den Tunnel so nahe der ersten Bruchkante wie möglich absteppen.

5 Das Kleid auf links wenden. Die Kleidlänge am Kind überprüfen und ggf. kürzen. Für den Kleidsaum die untere Kante 1 cm breit und dann 2 cm breit zur linken Seite hin umschlagen. Feststecken und steppen. Bügeln.

6 Am Saum zwei Reihen Zierband aufnähen, von denen das untere auf der Saumnaht sitzt und das obere direkt darüber. Für einen sauberen Abschluss die Enden nach innen umschlagen und etwas überlappen lassen.

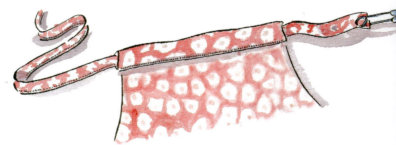

7 Zwei Streifen à 4 x 70 cm zuschneiden. Beide Streifen längs zur Hälfte falten und die Bruchkante einbügeln. Auffalten und die Enden nach innen einschlagen. Dann die unversäuberten Kanten bis zum Mittelbruch umschlagen und einbügeln. Streifen im Mittelbruch wieder zusammenlegen. Durch Absteppen der Kanten Zugbänder nähen.

8 Mit einer Sicherheitsnadel ein Zugband durch den vorderen Tunnel und das andere durch den rückwärtigen Tunnel führen. Wenn diese Zugbänder mit Schleifen verbunden werden, bilden sie die Schulterriemen des Kleides.

RÖCKE & KLEIDER

9 Mit einem Zirkel einen Kreis von 13 cm Durchmesser auf Papier zeichnen. Ausschneiden und als Schablone für einen Stoffkreis verwenden. In derselben Weise einen Stoffkreis von 8 cm Durchmesser anfertigen. Die Kanten jeweils 5 mm breit zur linken Seite hin umbügeln. Beide Stoffkreise mit einer Reihe Vorstiche umranden (siehe Seite 106). Durch Ziehen am Faden Rosetten formen. Mit ein paar Handstichen fixieren. Bügeln.

10 Die beiden Rosetten aufeinandersetzen und zusammennähen, mit einem Knopf in der Mitte. Die Rosette an der Vorderseite des Kleides mit ein paar Stichen anbringen, dabei zwei in der Mitte gefaltete Bänder mitfassen.

HÄNGERCHEN

Partykleid

Dieses Partykleid eignet sich für besondere Anlässe. Das schlichte Oberteil wird mit Pailletten und einer Stoffblume aufgepeppt, das gekräuselte Rockteil bietet genügend Beinfreiheit. Hier wurde ein glänzender Seidenstoff verarbeitet. Aus Baumwollstoff lässt sich daraus ebenso ein Sommerkleid nähen.

Material

* Schnitte 33 und 35 (Schnittmusterbogen) und Vorlage für die Blume (Seite 110)
* Hauptstoff, 114 x 110 cm
* Futterstoff, 30 x 100 cm
* Paillettenschnur, 82 cm
* 2 Stoffe für Blume, je 23 x 23 cm
* 7 Knöpfe, Ø 15 mm

Größen

Schnitte für Kinder von 2–3, 3–4 und 4–5 Jahren

Sofern nicht anders angegeben, beträgt die Nahtzugabe 1 cm.

1 Mithilfe der Schnitte 33 und 35 aus dem Haupt- und aus dem Futterstoff je ein vorderes und zwei rückwärtige Oberteile (je rechtes und linkes Rückenteil) zuschneiden. Die Rückenteile aus dem Hauptstoff an den Schulternähten rechts auf rechts auf das Vorderteil stecken und steppen. Die Nahtzugaben auseinanderbügeln. In derselben Weise mit den Teilen aus Futterstoff vorgehen.

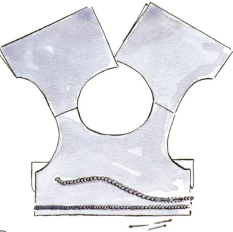

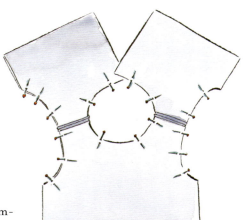

2 Das Futter an Hals- und Armöffnungen rechts auf rechts auf das Kleidoberteil stecken, sodass die Schulternähte exakt übereinanderliegen. Steppen. Die Nahtzugaben auf ca. 5 mm zurückschneiden und das Oberteil auf rechts wenden. Die Nähte vorsichtig bügeln.

3 Zwei 40 cm lange Paillettenschnüre zuschneiden. Eine Schnur 2 cm oberhalb der Unterkante auf der Vorderseite feststecken, die zweite 1,5 cm oberhalb der ersten. Darauf achten, dass die Pailletten nur auf den Oberstoff gesteckt werden. Die Pailletten feststeppen, dabei direkt über die Mitte der Pailletten nähen. Die Enden sauber abschneiden.

RÖCKE & KLEIDER

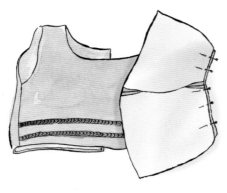

4 Vorder- und Rückenteile aus Oberstoff an den Seitennähten und der rückwärtigen Mitte rechts auf rechts feststecken und steppen. Mit dem Futter in derselben Weise vorgehen. Die Nahtzugaben auseinanderbügeln.

5 Für das Rockteil ein 42 x 88 (46 x 88/53 x 96) cm großes vorderes Teil und zwei 42 x 47 (46 x 50/53 x 55) cm große rückwärtige Teile zuschneiden. Sämtliche Längskanten mit Overlock- oder Zickzackstichen versäubern. Die rückwärtigen Teile rechts auf rechts an den Seiten kantenbündig auf das Vorderteil feststecken und steppen. Die Nahtzugaben auseinanderbügeln.

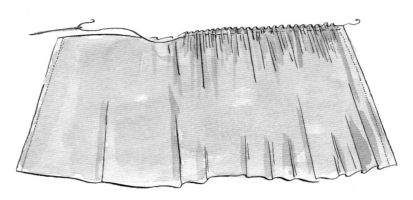

6 Beide Kanten der rückwärtigen Rockmitte 1 cm breit und ein weiteres Mal 4 cm breit zur linken Seite hin umschlagen. Die Knopfleistenkanten feststecken und neben der ersten Bruchkante absteppen. Auch bei der rückwärtigen Oberteilmitte rechts und links eine Leiste absteppen.

7 Entlang der Oberkante des Rockteils eine Reihe Vorstiche arbeiten (siehe Seite 106). An der Leistennaht beginnend – die Leiste soll weiterhin glatt fallen – das Rockteil kräuseln (siehe Seiten 106–107). Ein rückwärtiges Rockteil auf eine Breite von 18 (18,5/19) cm inklusive Leiste kräuseln und mit ein paar Stichen an der Seitennaht fixieren. Dann das Vorderteil auf eine Breite von 32 (33/34) cm kräuseln und wieder an der Seitennaht fixieren. Schließlich das zweite rückwärtige Teil auf eine Breite von 18 (18,5/19) cm inklusive Leiste kräuseln.

RÖCKE & KLEIDER

8 Das Rockteil kantenbündig rechts auf rechts auf die Unterkante des Oberteils legen. Feststecken und heften, dabei darauf achten, dass die Kräuselfalten gleichmäßig verteilt sind, dann steppen. Die Nahtzugabe nach oben bügeln.

9 Die untere Kante des Oberteilfutters 1 cm breit zur linken Seite hin umbügeln. Feststecken und von Hand annähen, dabei die Bruchkante so an der Naht ausrichten, dass die Stiche auf der rechten Seite verborgen bleiben.

10 Für den Saum die untere Rockkante 1 cm breit und ein weiteres Mal 1,5 cm breit zur linken Seite hin umschlagen. Von Hand oder mit der Maschine nähen. Das gesamte Kleid bügeln.

11 Die Position der Knopflöcher anzeichnen. Die Knopflöcher mit der Nähmaschine nähen, danach aufschneiden (siehe Seite 108). Die Knöpfe an den entsprechenden Gegenstellen an der anderen Kante festnähen.

STOFFBLUME

Vorlage von Seite 110 verwenden; nach Anleitung für die Haarbandblume (Seite 103) arbeiten. Hier hat die innere Blume jedoch dieselbe Größe wie die äußere und es fehlt der Knopf. Bei ausfransenden Stoffen diese vor dem Zuschneiden auf der Rückseite mit Bügelvlies verstärken.

PARTYKLEID

SCHLAFKLEIDUNG 5
Pyjama

Dieser Pyjama im Kimonostil steht Jungen und Mädchen. Sie brauchen hierfür ein wenig mehr Geduld. Trotzdem sollten Sie sich daran wagen, da er dennoch leicht zu arbeiten ist und die Mühe auf jeden Fall wert ist. Verwenden Sie weiche Baumwollstoffe, Flanellqualitäten für gemütliche Winterpyjamas und leichtere Qualitäten für den Sommer.

PYJAMAOBERTEIL

1 Mithilfe der Schnitte 14, 18 und 39 aus dem Hauptstoff ein Rückenteil, zwei Vorderteile und zwei Ärmel zuschneiden. Die Seitenkanten von allen Teilen sowie die runde Kante der Armkugel mit Overlock- oder Zickzackstichen versäubern. Die Vorderteile rechts auf rechts an den Schulternähten auf das Rückenteil stecken und die Nähte schließen. Nahtzugaben auseinanderbügeln.

Material

* Schnitte 14, 16, 18 und 39 (Schnittmusterbogen)
* Hauptstoff für Oberteil, 200 x 100 cm
* Hauptstoff für Hose, 115 x 75 cm
* Stoff für die Kanteneinfassung, 115 x 30,5 cm
* Gummiband, 18 mm breit, ca. 55 cm
* Band, 3 mm breit, ca. 5 cm
* Knopf, Ø ca. 12 mm

Größen

Schnitte für Kinder von 2–3, 3–4 und 4–5 Jahren.

Sofern nicht anders angegeben, beträgt die Nahtzugabe 1 cm.

2 Einen Ärmel rechts auf rechts an das Oberteil stecken, dabei Stoff sauber in die Rundung einpassen und feststeppen. Nahtzugaben auseinanderbügeln.

3 In derselben Weise den anderen Ärmel an das Oberteil nähen. Die Nahtzugaben auseinanderbügeln.

SCHLAFKLEIDUNG

4 Die Ärmel rechts auf rechts längs zur Hälfte falten. Die Arm- und Seitennähte feststecken und steppen. Die Nahtzugaben auseinanderbügeln.

5 Aus dem Stoff für die Einfassungen einen 8 cm breiten Streifen in der Länge der unteren Kante zuschneiden. Den Streifen rechts auf rechts kantenbündig an die untere Kante stecken und entlang der Kante feststeppen. Die Nahtzugaben zur unteren Kante hin umbügeln.

6 Das Oberteil auf links wenden und die unversäuberte Kante der Einfassung 1 cm breit zur linken Seite hin umbügeln. Die Einfassung feststecken und mit Überwendlichstichen (siehe Seite 105) festnähen. Bügeln.

7 Aus dem Stoff für die Einfassungen zwei 4 cm breite Schrägstreifen in der Länge der vorderen Mitte zuschneiden (siehe Seite 107). Ein Streifenende jeweils 1 cm breit nach innen umschlagen. Die Streifen mit dem umgeschlagenen Ende an der unteren Kante und den rechten Stoffseiten nach unten an die linken Stoffseiten der vorderen Mitte feststecken und entlang der Kanten steppen. Die Nahtzugaben zu den Einfassungen hinbügeln.

8 Das Oberteil auf rechts wenden. Beide unversäuberte Kanten der Einfassungen 1 cm breit zur linken Seite hin umbügeln. An der Vorderseite feststecken und absteppen.

9 Aus dem Stoff für die Einfassungen einen 4 cm breiten und 95 cm langen Schrägstreifen zuschneiden (siehe Seite 107). Den Streifen mit der rechten Stoffseite nach unten an die linke Seite der Halsausschnittkante feststecken und entlang der Kante steppen, dabei den Streifen am linken Ende der Halsausschnittkante überhängen lassen und beide Enden 1 cm breit nach innen umschlagen. Die Nahtzugaben zur Einfassung hin bügeln.

SCHLAFKLEIDUNG

10 Das Oberteil auf rechts wenden. Die unversäuberte Einfassungskante 1 cm breit zur linken Seite hin umbügeln. An der rechten Seite des Oberteils feststecken und absteppen, dabei aus dem überhängenden Stück ein Bindeband formen. Bügeln.

11 Für das zweite Bindeband ein Schrägband von 4 x 22 cm zuschneiden. Der Länge nach zur Hälfte falten und die Bruchkante einbügeln. Wieder auffalten und die Enden 1 cm breit einschlagen. Dann die Längskanten bis zum Mittelbruch umschlagen und einbügeln. Streifen im Mittelbruch wieder zusammenlegen und knappkantig absteppen. Ein Bandende so auf dem Vorderteil festnähen, dass sich aus beiden Bändern eine Schleife binden lässt.

12 Das Oberteil auf links wenden. Für die Ärmelsäume die Kanten beider Ärmel 1 cm breit und ein weiteres Mal 2 cm breit zur linken Seite hin umschlagen und steppen. Das Oberteil auf rechts wenden.

13 Als Verschluss an der oberen Kante des inneren Vorderteils eine kleine Schlaufe und an der inneren Seitennaht einen Knopf befestigen.

PYJAMAHOSE

1 Mithilfe von Schnitt 16 aus dem Hauptstoff zwei Hosenbeine zuschneiden. Sämtliche Seitennähte mit Overlock- oder Zickzackstichen versäubern. Beide Hosenbeine rechts auf rechts der Länge nach falten. Die Innennähte stecken und steppen. Nahtzugaben auseinanderbügeln.

2 Das eine Hosenbein rechts auf rechts über das andere Hosenbein streifen, dabei darauf achten, dass die Innennähte exakt übereinanderliegen. Stecken und durch Schließen der Schrittnaht die beiden Hosenbeine miteinander verbinden.

SCHLAFKLEIDUNG

3 Die Hose auf links wenden und die Oberkante 1 cm nach innen umbügeln. Diese Kante ein weiteres Mal 1,5 cm breit umschlagen, feststecken und steppen, dabei in der Naht eine Öffnung für das Gummiband lassen. Bügeln.

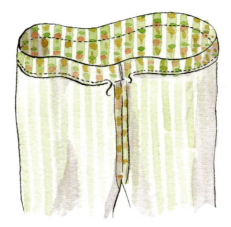

4 Aus dem Einfassungsstoff zwei 4 cm breite Schrägstreifen in der Länge des Hosensaumumfangs zuschneiden. Beide Streifen in der Breite zur Hälfte falten, die kurzen Seiten zusammennähen. Nahtzugaben auseinanderbügeln. Die Einfassungen mit der linken Seite nach oben über die Hosenbeinunterkante streifen; die Nähte liegen übereinander. Feststecken und steppen. Die Nahtzugaben zur Einfassung hin bügeln.

5 Die Hose auf rechts wenden. Die unversäuberten Einfassungskanten 1 cm breit zur linken Seite hin umschlagen. Die gefalteten Kanten an der rechten Stoffseite der Hosenbeine feststecken und knappkantig neben der Bruchkante absteppen.

6 Das Gummiband durch den Tunnelsaum ziehen, durch Zusammennähen der Enden sichern und die Saumöffnung mit ein paar Maschinenstichen schließen (siehe Seite 108). Bügeln.

Bademantel

Wenn Sie für diesen Bademantel ein Lieblingsmuster wählen und ihn mit einem weichen Baumwollflanell füttern, entsteht ein kuscheliges Kleidungsstück, das Ihre Kinder gerne tragen werden. Falls Sie noch aufgesetzte Taschen hinzufügen möchten, folgen Sie der Anleitung für das Hemd von Seite 35 und setzen die Taschen vor dem Einnähen des Futters auf die Vorderteile.

Material

* Schnitte 23, 27 und 37 (Schnittmusterbogen)
* Hauptstoff, 200 x 115 cm
* Baumwollflanell für das Futter, 200 x 115 cm

Größen

Schnitte für Kinder von 2–3, 3–4 und 4–5 Jahren

Sofern nicht anders angegeben, beträgt die Nahtzugabe 1 cm.

1 Mithilfe der Schnitte 23, 27 und 37 aus dem Hauptstoff ein Rückenteil, zwei Vorderteile und zwei Ärmel ausschneiden. Dabei ein linkes und ein rechtes Vorderteil zuschneiden. Die Vorderteile rechts auf rechts an den Schulternähten auf das Rückenteil stecken und die Nähte schließen. Die Nahtzugaben auseinanderbügeln.

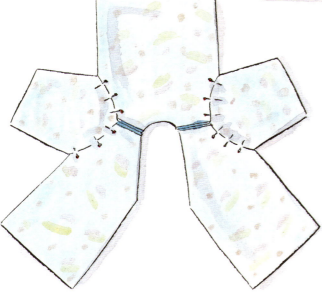

2 Die Ärmel rechts auf rechts in die Armöffnung einpassen und feststecken. Steppen und die Nahtzugaben der runden Nähte mit kleinen Schnitten versehen, dann die Nahtzugaben auseinanderbügeln.

BADEMANTEL

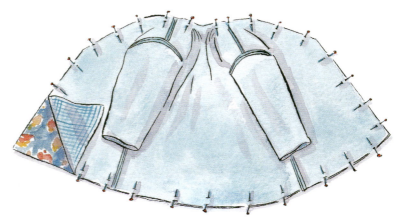

3 Unterarm- und Seitennähte stecken und steppen, dann die Nahtzugaben auseinanderbügeln. Die Schritte 1 bis 3 mit Futterstoff wiederholen.

4 Das Futter rechts auf rechts über den Bademantel ziehen. Beim Halsausschnitt beginnend die Kanten aneinander ausrichten, dann das Futter entlang den Seiten und der unteren Kante am Oberstoff feststecken. Kanten steppen, dabei an der unteren Kante eine Öffnung von ca. 15 cm lassen. Die Ecken nachschneiden (siehe Seite 106) und entlang der vorderen Mitte die Nahtzugaben einschneiden, damit die Nähte flach liegen.

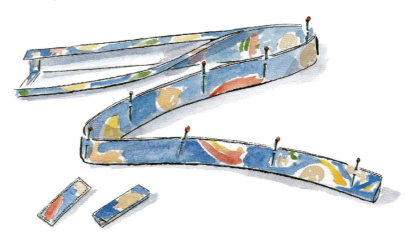

5 Den Bademantel auf rechts wenden und bügeln. Die Öffnung im unteren Saum mit ein paar Handstichen schließen. Für die Ärmelsäume den Oberstoff 1 cm breit zur linken Seite hin umschlagen. Das Futter in derselben Breite zu seiner linken Seite hin umschlagen. Die Bruchkanten von Oberstoff und Futter zusammenstecken und steppen. Bügeln. Den gesamten Bademantel 1 cm neben der Kante absteppen.

6 Für den Stoffgürtel aus dem Oberstoff einen 8 x 112 cm großen Streifen zuschneiden. Alle vier Kanten 1 cm nach innen umbügeln. Der Länge nach zur Hälfte falten und bügeln. Stecken und rundherum absteppen. Für die Gürtelschlaufen zwei 7 x 4 cm große Rechtecke zuschneiden. Jeweils an allen vier Kanten 1 cm breit zur linken Seite umbügeln. Der Länge nach zur Hälfte falten und bügeln. Stecken und rundherum absteppen. Die Schlaufen ca. 23 cm oberhalb des Saums an die Seitennähte stecken, festnähen und den Gürtel durchziehen.

SCHLAFKLEIDUNG

Nachthemd

Das Nachthemd wird wie die Blütenbluse von Seite 20 aus nur zwei Schnittteilen gefertigt. Hier werden die Ärmelsäume jedoch nicht gerafft. Verwenden Sie für die wärmeren Monate einen leichten Baumwollstoff oder einen weichen Flanellstoff. Eine schlichte Bändchenschleife bildet einen schönen Abschluss.

Material

* Schnitte 3 und 17 (Schnittmusterbogen)
* Hauptstoff, 130 x 100 cm
* Gummiband, 6 mm breit, ca. 45 cm
* Zierband, 12 mm breit, ca. 90 cm

Größen

Schnitte für Kinder von 2–3, 3–4 und 4–5 Jahren

Sofern nicht anders angegeben, beträgt die Nahtzugabe 1 cm.

1 Mithilfe der Schnitte 3 und 17 zwei Hemdteile und zwei Ärmel ausschneiden. Die Seiten- und Schulterkanten mit Overlock- oder Zickzackstichen versäubern. Je eine runde Kante der Ärmelteile rechts auf rechts an den Ärmelausschnitt eines Hemdteils stecken und steppen. Nahtzugaben auseinanderbügeln.

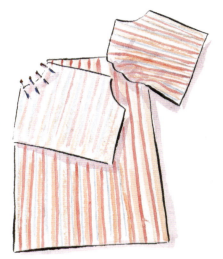

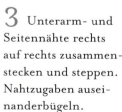

2 Die andere runde Kante der Ärmelteile wie in Schritt 1 an das andere Hemdteil stecken und steppen. Nahtzugaben auseinanderbügeln.

3 Unterarm- und Seitennähte rechts auf rechts zusammenstecken und steppen. Nahtzugaben auseinanderbügeln.

SCHLAFKLEIDUNG

TIPP

Den Schnitt für dieses süße kleine Nachthemd werden Sie vermutlich öfter gebrauchen können. Das Hemd ist schnell und einfach herzustellen und lässt sich hervorragend zu einem Hirten-, Engels- oder Feenkostüm umfunktionieren – bestens geeignet also für Schulaufführungen oder Faschingsfeiern.

4 Die Halsausschnittkante zweimal je 1 cm breit zur linken Seite hin umschlagen. Feststecken und so nah an der Bruchkante wie möglich absteppen, dabei eine Öffnung von ca. 3 cm für das Gummiband lassen. Es ist kein Problem, wenn sich in die runde Naht ein paar Fältchen eingeschlichen haben sollten. Nach dem Kräuseln des Ausschnitts werden sie nicht mehr zu sehen sein. Die Ärmelsäume genauso arbeiten, allerdings ohne Öffnungen.

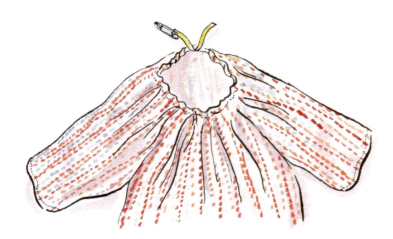

5 Mithilfe einer Sicherheitsnadel das Gummiband durch den Tunnelsaum am Halsausschnitt ziehen (siehe Seite 108). Die Enden des Gummibandes mit ein paar Maschinenstichen verbinden, das Gummiband in den Tunnelsaum gleiten lassen und die Öffnung mit der Maschine schließen.

6 Die Mitte des Zierbandes an die Hemdvorderseite nähen und eine Schleife binden. Die Enden sauber abschneiden. Die Länge des Hemdes am Kind probieren und, wenn nötig, die überschüssige Länge abschneiden. Für den Hemdsaum die untere Kante 1 cm breit und ein weiteres Mal 1,5 cm breit zur linken Seite hin umschlagen. Stecken und so nah an der Bruchkante wie möglich absteppen. Bügeln.

NACHTHEMD

ACCESSOIRES 6

Schürze

Kinder klecksen und kleckern gerne und diese Schürze hilft, die Kleidung zu schonen. Aus Baumwollstoff hergestellt, lässt sie sich schnell waschen. Sie hat außerdem eine große Tasche, damit wichtige Utensilien immer gleich zur Hand sind. Eine Wasser abweisende Variante lässt sich aus Wachstuch herstellen. Dabei können Sie den Unterstoff weglassen und die Kanten mit Schrägband einfassen. Ein auf das Rückenteil aufgenähtes Band dient als Bindegürtel.

Material

* Stoff für Oberseite und Bindegürtel, 40 x 132 cm
* Unterstoff, 31 x 81 cm
* Stoff für Tasche, 31 x 39 cm
* Stoff für Einfassung, 8 x 62 cm

Größe

Einheitsgröße, bis 5 Jahre

Sofern nicht anders angegeben, beträgt die Nahtzugabe 1 cm.

1 Aus dem Ober- und Unterstoff je ein 31 x 81 cm großes Rechteck zuschneiden. Mit 21 cm Abstand von der oberen Kante der Stücke jeweils die quadratische Halsöffnung mittig 12,5 cm breit und 14 cm lang ausschneiden.

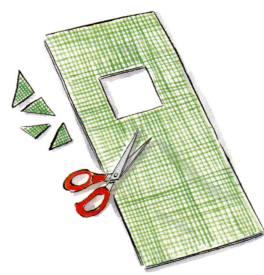

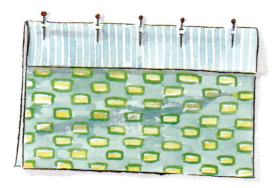

2 Für die Tasche ein 31 x 39 cm großes Stück aus dem hierfür vorgesehenen Stoff zuschneiden. In der Breite links auf links kantenbündig zusammenfalten. Aus dem Stoff für die Einfassungen ein 6 x 31 cm großes Stück zuschneiden. Diesen Streifen rechts auf rechts auf die Oberkante der Tasche stecken und mit 3 cm Abstand von der Kante feststeppen.

SCHÜRZE

3 Die Tasche umdrehen und die unversäuberte Kante der Einfassung 1 cm zur linken Seite hin umbügeln. An der anderen Seite der Tasche feststecken und absteppen. Bügeln.

4 Die Tasche mit der rechten Seite nach oben auf die rechte Seite des Oberstoffes legen. Entlang den drei äußeren Schürzenkanten die Tasche erst stecken, dann heften. Ober- und Unterstoff rechts auf rechts an allen äußeren Kanten zusammenstecken und steppen. Die Ecken nachschneiden und die Schürze durch den Halsausschnitt auf rechts wenden. Bügeln.

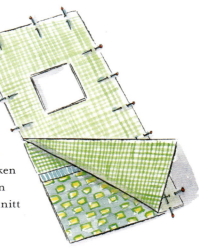

5 Mit Stecknadeln oder einem Stoffmarkierstift zwei senkrechte Linien auf der Tasche markieren. Entlang diesen Linien eine Maschinennaht steppen, dabei jeweils an Anfang und Ende ein paarmal hin- und hernähen.

6 Aus dem Oberstoff einen 8 x 132 cm großen Streifen zuschneiden. Der Länge nach rechts auf rechts zur Hälfte falten. Stecken und eine kurze und die lange Kante steppen. Die Ecken am genähten Ende abschneiden und den Gürtel auf rechts wenden. Bügeln, das noch offene Ende nach innen umschlagen und mit einigen Überwendlichstichen schließen (siehe Seite 105).

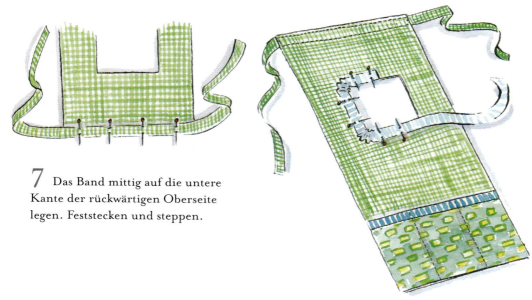

7 Das Band mittig auf die untere Kante der rückwärtigen Oberseite legen. Feststecken und steppen.

8 Aus dem Stoff für die Einfassungen einen 4 x 62 cm großen Streifen zuschneiden. Ein kurzes Ende 1 cm breit zur linken Seite hin umbügeln. Den Streifen rechts auf rechts am Halsausschnitt feststecken und mit 1 cm Abstand von der Kante feststeppen, dabei an den Ecken Fältchen einlegen und die Enden überlappen lassen. Die unversäuberte Kante der Einfassung 1 cm breit zur linken Seite hin umbügeln. An der Innenseite der Schürze feststecken und mit Überwendlichstichen annähen. Die Ecken sauber verarbeiten. Bügeln.

ACCESSOIRES

Wendehut

Mit diesem Hut können die Kinder nach Lust und Laune in der Sonne herumtollen. Verwenden Sie zwei kontrastierende Stoffe einer leichten bis mittelstarken Baumwollqualität und sorgen Sie durch eine Bügeleinlage für etwas mehr Stand. Wenn Sie einen Wasser abweisenden Stoff verwenden, wird der Sommerhut zum Regenhut.

Material

* Schnitte 9 und 10 (Schnittmusterbogen)
* Stoff A (leichter oder mittelschwerer Baumwollstoff, Jeansstoff, Cord oder Leinen), 50 x 100 cm
* Stoff B (mit Stoff A vergleichbare Qualität), 50 x 100 cm
* mittelstarke Bügeleinlage, 40 x 40 cm

Größen

Schnitte für Kinder von 1–3 und 3–5 Jahren

Sofern nicht anders angegeben, beträgt die Nahtzugabe 1 cm.

1 Aus Stoff A das Schnittteil 10 sechsmal zuschneiden. Zwei Teile rechts auf rechts an einer Seite zusammenstecken und steppen. Die Nahtzugaben auseinanderbügeln. Ein drittes Teil an die andere Seite stecken und steppen, die Nahtzugaben wieder auseinanderbügeln. Mit den restlichen Teilen ebenso verfahren.

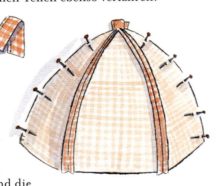

2 Aus Stoff A ein 5 x 7 cm großes Stück zuschneiden. Der Länge nach rechts auf rechts zur Hälfte falten und die lange Seite mit 1 cm Abstand zur unversäuberten Kante absteppen. Nahtzugabe zurückschneiden und auf rechts wenden. Bügeln. In der Mitte falten und eine kleine Schlaufe bilden. Die beiden Seiten des aus Schritt 1 zusammengesetzten Teils rechts auf rechts zusammenstecken und steppen. Dabei die Schlaufe so mit einfügen, dass die Enden aus der Naht hervorschauen. Nahtzugaben auseinanderbügeln.

3 Mithilfe des Schnittteils 9 aus Stoff A und der Bügeleinlage jeweils zwei Krempenteile zuschneiden. Die Bügeleinlage nach Herstellerangabe auf die linken Seiten der Krempenteile aufbügeln. Die kurzen, geraden Kanten der Krempenteile rechts auf rechts aufeinanderstecken und steppen. Dabei bildet sich ein Ring. Nahtzugaben auseinanderbügeln.

ACCESSOIRES
92

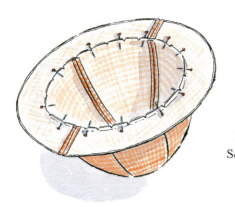

4 Das Krempenteil rechts auf rechts an das Kopfteil stecken und feststeppen. Für eine saubere Verarbeitung die Nahtzugabe rundherum mit kleinen Schnitten versehen.

5 Für die Wendeseite des Hutes die Schritte 1 bis 4 mit Stoff B wiederholen. Die innere und die äußere Hutform rechts auf rechts ineinanderstecken, die Außenkante der Krempe stecken und absteppen, dabei eine Öffnung von ca. 5 cm lassen. Die Nahtzugabe rundherum mit kleinen Schnitten versehen.

6 Den Hut auf rechts wenden und von beiden Seiten bügeln. Die Öffnung mit kleinen Überwendlichstichen schließen (siehe Seite 105). Die Krempe mit ca. 1 cm Abstand von der Kante absteppen.

Schal

Schlichte Kleidungsstücke lassen sich mit Applikationen wirkungsvoll verzieren. Dieses einfache Design eignet sich gut für den Einstieg. Wählen Sie eine sehr weiche Wollqualität (die meisten Kinder mögen nichts, was auch nur ein bisschen kratzt!) und applizieren Sie Kreise aus farblich aufeinander abgestimmten Stoffresten. Der Knopf hält den Schal zusammen und ist gleichzeitig ein dekoratives Detail.

1 Wollstoff und Unterstoff in der angegebenen Größe zuschneiden. Den Unterstoff beiseitelegen.

Material

* leichter Wollstoff, 114 x 16 cm
* Unterstoff, 114 x 16 cm
* farblich aufeinander abgestimmte Stoffreste
* Haftvlies
* überziehbarer Knopf, Ø 4 cm

Größen

Der fertige Schal misst 112 x 14 cm.

Sofern nicht anders angegeben, beträgt die Nahtzugabe 1 cm.

2 Das Haftvlies nach Herstellerangaben auf die linke Seite der Stoffreste aufbügeln. Mit einem Zirkel auf die Vliesseite ca. 16 Kreise mit einem Durchmesser von 4–5,5 cm zeichnen und diese ausschneiden.

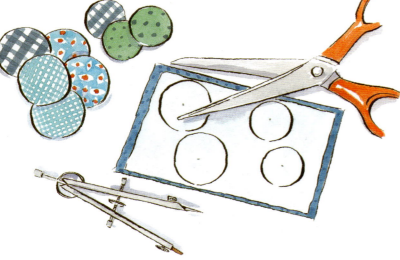

4 Die Kreise so knappkantig wie möglich absteppen. Fadenenden abschneiden.

3 Die Stoffkreise auf dem Wollstoff von Schritt 1 an beiden Enden wie gewünscht anordnen. Dann die Schutzfolie abziehen, ein feuchtes Tuch über den Wollstoff und die Stoffkreise legen und ein paar Sekunden lang bei mittlerer Temperatureinstellung bügeln, um die Kreise mit dem Wollstoff zu verbinden.

5 Den Wollstoff rechts auf rechts auf den Unterstoff stecken und rundherum steppen, dabei an einer Seite eine Öffnung von ca. 10 cm lassen. Schal auf rechts wenden, dabei die Ecken sorgfältig ausformen, und bügeln. Die Öffnung mit Überwendlichstichen schließen (siehe Seite 105) und den Schal rundherum absteppen.

6 Den Knopf mit einem Stoffrest beziehen (siehe Seite 108) und so auf dem Schal positionieren, dass dieser sich bei verkreuzten Enden bequem über den Kopf ziehen lässt. Den Knopf durch alle Lagen hindurch festnähen.

ACCESSOIRES

SCHAL MIT TASCHE
Eine auf den Schal aufgesetzte Tasche ist sehr praktisch, denn dann hat man kleine Spielzeuge immer gleich zur Hand.

Die Schritte 1, 5 und 6 der Schalanleitung arbeiten. Aus dem Wollstoff und dem Unterstoff mithilfe der Vorlage von Seite 111 je eine Taschenform zuschneiden. An die runde Kante des Wollstoffes eine Zackenlitze stecken. Die beiden Taschenteile rechts auf rechts aufeinanderstecken und steppen, dabei an der geraden Kante eine kleine Öffnung lassen. Die Tasche auf rechts wenden und die Öffnung mit ein paar Überwendlichstichen schließen. Die obere Taschenkante einmal absteppen und die Tasche auf dem Schal feststeppen.

Poncho

Bei diesem hübschen Poncho gibt es keine einengenden Jackenärmel und er hält trotzdem wunderbar warm! Wählen Sie einen mittelschweren Wollstoff, der gut fällt und nicht zu dick ist. Eine Blumenbrosche bildet den perfekten Abschluss. Der Schnitt kann auch für einen Umhang verwendet werden, den Superman bestimmt mit Begeisterung tragen wird.

Material

* Schnitte 31 und 40 (Schnittmusterbogen)
* Wollstoff, 100 x 100 cm
* Futterstoff, 100 x 100 cm
* 2 Zackenlitzen, je ca. 175 cm
* großer Druckknopf
* Knopf, Ø 2,5 cm

Größen

Schnitte für Kinder von 2–3, 3–4 und 4–5 Jahren

Sofern nicht anders angegeben, beträgt die Nahtzugabe 1 cm.

1 Mithilfe der Schnitte 31 und 40 aus Wollstoff ein Rückenteil und zwei Vorderteile ausschneiden. Dabei ein linkes und ein rechtes Vorderteil zuschneiden. Die Vorderteile an den seitlichen Kanten rechts auf rechts an das Rückenteil stecken und steppen. Nahtzugaben auseinanderbügeln. Genauso mit dem Futterstoff verfahren.

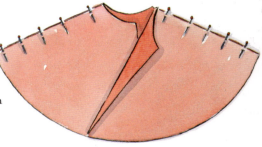

2 Das Ponchoteil aus Wollstoff auf der Arbeitsfläche ausbreiten und glatt streichen. Eine der beiden Zackenlitzen mit 5 cm Abstand von der unteren Kante und die andere 2 cm über der ersten feststecken und heften. Die Zackenlitzen mit der Maschine festnähen und die Enden sauber abschneiden.

3 Das Ponchoteil aus Wollstoff mit der rechten Seite nach oben auf die Arbeitsfläche legen. Das Futterteil rechts auf rechts auflegen und die Kanten und Nähte aneinander ausrichten. Die beiden Lagen entlang den Außenkanten stecken und heften. Beim Halsausschnitt beginnend die Kanten steppen, dabei an einer Seite eine 10 cm breite Öffnung lassen.

ACCESSOIRES

4 Die Ecken abschneiden und den Poncho auf rechts wenden. Die Öffnung von Hand schließen. Bügeln. Die Außenkanten mit ca. 1 cm Abstand von der Kante absteppen. Den Druckknopf am oberen Ende der vorderen Mitte annähen und den dekorativen Knopf auf der rechten Stoffseite platzieren.

BLUMENBROSCHE

Für die Blumenbrosche mithilfe der großen Blumenvorlage von Seite 110 aus verschiedenfarbigen Filzstoffen drei Blumenformen ausschneiden. Die Formen in der Mitte zusammennähen und einen Knopf daraufsetzen. Eine Broschennadel (in Kurzwarengeschäften erhältlich) oder eine Sicherheitsnadel an der Rückseite befestigen.

Haarband

Dies ist definitiv das leichteste aller Projekte und eignet sich bestens, um Stoffreste aufzubrauchen. Verwenden Sie Stoffe, die auf ein bestimmtes Outfit abgestimmt sind. Die Haarbänder lassen sich auch gut auf dem Schulbasar verkaufen. Sie gehen weg wie warme Semmel und kosten in der Herstellung so gut wie nichts!

Material

Für das Haarband
* *Stoff, 41 x 20 cm*
* *Gummiband, 12 mm breit, 15 cm*

Für den Schmuck
* *Vorlage auf Seite 110*
* *Stoffreste*
* *überziehbarer Knopf (für Blumen- und Knopfschmuck)*

Größe

Das fertige Haarband misst ca. 52 x 6 cm.

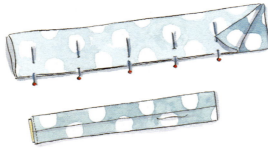

1 Einen 41 x 14 cm und 28 x 6 cm großen Stoffstreifen zuschneiden. Den ersten Streifen rechts auf rechts der Länge nach zur Hälfte falten und entlang der langen Kante stecken und steppen. Auf rechts wenden und so bügeln, dass die Naht auf einer Seite mittig verläuft. Ebenso mit dem zweiten Streifen verfahren.

2 Ein 15 cm langes Stück Gummiband abschneiden. An einem Ende eine Sicherheitsnadel befestigen und durch den kleineren Stoffschlauch ziehen, bis das Ende des Gummibandes mit dem Ende des Stoffbandes abschließt. Gummi- und Stoffband mit 1 cm Abstand zu den Kanten mit ein paar Maschinenstichen zusammennähen. Das Gummiband durch den Stoffschlauch hindurchziehen, die Sicherheitsnadel entfernen und auch am anderen Ende mit 1 cm Abstand zusammennähen.

3 Den größeren Schlauch auf die Arbeitsfläche legen (Nahtseite unten). Ein Ende mit einem Ende des dehnbaren Schlauches kantenbündig ausrichten. Den größeren Schlauch über den dehnbaren falten. Mit 1 cm Abstand zur Kante steppen. Am anderen Ende genauso vorgehen. Den größeren Schlauch an beiden Enden umstülpen.

ACCESSOIRES

SCHLEIFENSCHMUCK

Ein 22 x 10 cm großes Rechteck zuschneiden und rechts auf rechts längs zur Hälfte falten. Entlang der langen und einer kurzen Kante steppen. Auf rechts wenden und bügeln. Das unversäuberte Ende nach innen umschlagen, eine Schlaufe bilden und mit ein paar Stichen zusammennähen. Ein 8 x 4,5 cm großes Rechteck zuschneiden und daraus ebenfalls, wie oben angegeben, einen Schlauch fertigen und bügeln. Diesen Schlauch um die Mitte der Schlaufe schlingen und an der Rückseite mit ein paar Stichen fixieren. Die so entstandene Schleife an einem Haarband festnähen.

BLUMENSCHMUCK

Mithilfe der Vorlage von Seite 110 vier große Blumen aus einem zum Haarbandstoff passenden Stoff sowie vier kleine Blumen aus Haarbandstoff zuschneiden. In der Mitte der Blumen einen Kreis aus Vorstichen arbeiten und die Blumen kräuseln (siehe Seiten 106–107). Mit einigen Stichen fixieren. Erst die vier großen Blumen zusammennähen, dann die vier kleinen Blumen in die Mitte setzen. Den Abschluss bildet ein mit Stoff bezogener Knopf. Die Blume an ein Haarband nähen.

KNOPF-SCHMUCK

Einen Knopf mit einem Stoffrest beziehen (siehe Seite 108) und diesen an ein Haarband nähen.

Techniken

Die Techniken sind alle sehr einfach – ideal für die Herstellung einfacher Kleidungsstücke, aus denen die Kinder schnell wieder herauswachsen. Man braucht wenig Werkzeug – eine scharfe Schere zum Schneiden von Stoff und Garn, einige Nähnadeln, Schneiderkreide, Pauspapier, einen Bleistift oder Stoffmarkierstift sowie eine Haushaltsnähmaschine.

STOFFE

Viele der verwendeten Stoffe sind Kleiderstoffe aus Baumwolle, die in einer breiten Palette an Farben und Mustern erhältlich sind. Cord- und Jeansstoffe eignen sich auch gut für Kinderkleidung, da sie sehr strapazierfähig sind. Die Stoffe (außer Wollstoffe) vor dem Zuschneiden immer waschen, um ein nachträgliches Einlaufen zu vermeiden. Dabei keine Weichspüler verwenden. Vor dem Gebrauch die Stoffe trocknen und bügeln.

SCHNITTMUSTER VERARBEITEN

Die Schnitte in diesem Buch sind in Originalgröße abgebildet. Um sie zu verwenden, müssen sie zunächst auf Papier übertragen werden. Hierfür die Schnitte von den heraustrennbaren Schnittmusterbogen am Ende des Buches auf Paus-, Pergament- oder Schnittmusterpapier (aus dem Kurzwarenhandel) durchpausen. (Das Papier muss auf jeden Fall transparent genug sein.) Die Schnitte in der gewünschten Größe abpausen (die Legende gibt Auskunft, welcher Umrisslinie man folgen muss) und ausschneiden.

Jedes Schnittteil enthält eine Nahtzugabe von 1 cm. Bei der Nahtzugabe handelt es sich um den Abstand zwischen äußerer Stoffkante und Nahtlinie.

Den Papierschnitt auf den Stoff legen (den Stoff falten, wenn zwei gleiche Teile entstehen sollen). Wenn angegeben, den Schnitt am Stoffbruch ausrichten (der Schnitt ist entsprechend beschriftet). Den Papierschnitt auf dem Stoff feststecken und rundherum mit Schneiderkreide anzeichnen. Den Papierschnitt wieder entfernen und die Stoffteile ausschneiden. Darauf achten, den Papierschnitt zu wenden, wenn ein rechtes und ein linkes Teil benötigt wird.

Um markierte Stellen auf den Stoff zu übertragen, Kohlepapier zwischen Papierschnitt und Stoff legen und die Stellen mit einem Kopierrädchen (ebenfalls im Kurzwarenhandel erhältlich) markieren.

MOTIVE AUF DAS GEWÜNSCHTE MASS VERGRÖSSERN

Manche der Kleidungsstücke werden mit dekorativen Motiven verziert, wie beispielsweise den Früchten für das Babylätzchen (Seiten 109–111). Selbstverständlich lassen sich auch andere Motive verwenden. Obwohl derlei Motive in Büchern und auf Schnittmustern meist in Originalgröße abgebildet sind, ist es nützlich zu wissen, wie man Motive vergrößert.

Zunächst muss entschieden werden, wie groß das Motiv im Verhältnis zum Kleidungsstück werden soll. Wir gehen beispielsweise von einer 10 cm großen Form aus.

Dann die Größe der Vorlage ausmessen. Die Vorlage könnte kleiner sein als benötigt – sagen wir 5 cm.

Nun die gewünschte Größe (10 cm) durch die tatsächliche Größe der Vorlage (5 cm) teilen.

Wenn man das Ergebnis mit 100 multipliziert, erhält man 200. Die Schablone muss also am Fotokopierer um 200 % vergrößert werden.

MOTIVE AUF DAS GEWÜNSCHTE MASS VERKLEINERN

Soll das Motiv kleiner werden als die Vorlage, geht man genauso vor wie beim Vergrößern. Ist die Vorlage beispielsweise 10 cm groß und gewünscht wird ein 5 cm großes Motiv, teilt man die 5 cm durch die tatsächliche Größe der Schablone (10 cm) und multipliziert das Ergebnis mit 100. Dabei ergibt sich 50. Das Fotokopiergerät muss also auf 50 % eingestellt werden.

EINE SCHABLONE HERSTELLEN

Um eine Schablone für ein bestimmtes Stoffmotiv herzustellen, dieses Motiv zunächst auf die gewünschte Größe vergrößern bzw. verkleinern.

1 *Das Motiv mit einem weichen Bleistift auf Pauspapier übertragen.*

2 *Das Papier wenden und die Linie durch nochmaliges Nachziehen auf der Rückseite auf ein Stück Karton übertragen.*

3 *Das Motiv mit einer Schere oder einem Cutter auf einer Schneidematte ausschneiden. Dann die Schablone auf den gewünschten Stoff legen und die Umrisse mit Schneiderkreide oder einem Stoffmarkierstift nachzeichnen.*

HANDSTICHE

Im Folgenden werden die wichtigsten Handstiche zum (provisorischen oder dauerhaften) Zusammenfügen von zwei Stoffteilen vorgestellt.

HEFTSTICH

Mit diesem Stich werden Stoffteile vorübergehend zusammengehalten, bis sie auf andere Weise zusammengenäht werden. Die Heftnaht wird danach wieder entfernt. Es empfiehlt sich, ein kontrastfarbenes Garn zu verwenden, damit die Heftstiche gut erkennbar sind.

Das Fadenende mit einem Knoten sichern und einen großen Vorstich (siehe Seite 106) durch alle Stofflagen arbeiten.

ÜBERWENDLICHSTICH

Er ist fast unsichtbar und eignet sich gut zum Säumen. Er wird auch zum Schließen von Öffnungen verwendet, beispielsweise wenn in einer Saumnaht eine Öffnung zum Wenden gelassen wurde. Ich arbeite die Naht von rechts nach links, sie kann aber auch von links nach rechts gearbeitet werden.

Um das verknotete Fadenende zu verbergen, den Faden zwischen die beiden Stofflagen gleiten lassen und die Nadel nahe der Kante des oben liegenden Stoffes wieder ausstechen. Dann vom unteren Stoff mit der Nadel ein oder zwei Stofffäden anheben, die Nadel schräg versetzt wieder durch den oberen Stoff hervorstechen und den Faden durchziehen. In dieser Weise fortfahren.

TECHNIKEN

VORSTICH
Der Vorstich ist vermutlich der leichteste aller Handstiche. Er wird häufig verwendet, um ein Stück Stoff zu kräuseln.

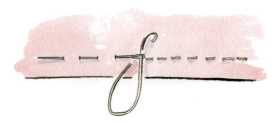

Ich arbeite von rechts nach links, man kann aber auch von links nach rechts arbeiten. Die Nadel ausstechen, wieder einstechen und abermals ausstechen. In dieser Weise fortfahren.

MASCHINENSTICHE
Näht man mit der Maschine, werden die Nähte eines Kleidungsstücks sehr viel stabiler und es geht natürlich auch viel schneller als das Nähen von Hand. Stoffteile werden mit geraden Steppnähten miteinander verbunden. Es empfiehlt sich, zunächst jeden Stich auf einem kleinen Stoffstück auszuprobieren, um Fadenspannung und Stichlänge zu überprüfen.

ZICKZACKSTICH
Der Zickzackstich eignet sich gut zum Versäubern der Nahtkanten. Dadurch wird verhindert, dass die Stoffe ausfransen. Dieser Stich wird verwendet, wenn die Nähmaschine über keinen Overlockstich verfügt. Auch beim gesmokten Top (Seite 24) wird das Gummiband mit einem Zickzackstich genäht, da dieser Stich dehnbarer als ein Steppstich ist.

OVERLOCKSTICH
Manche Nähmaschinen besitzen einen Overlockstich (es gibt außerdem spezielle Overlockmaschinen), mit dem sich Kanten versäubern lassen. Er verleiht einem Kleidungsstück ein sehr ordentliches, professionelles Aussehen.

ECKEN ABSCHNEIDEN
Bei Ecken ist es ratsam, die Nahtzugaben zu kürzen, damit die Ecken nach dem Wenden schön flach sind und sich gut ausformen lassen.

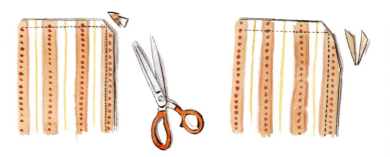

Die Nahtzugabe einfach diagonal abschneiden, jedoch darauf achten, nicht in die Naht zu schneiden.

DOPPELTER EINSCHLAGSAUM
Er bildet einen sauberen Abschluss und verhindert das Ausfransen.

Die Stoffkante in der in den jeweiligen Projekten angegebenen Breite zur linken Seite hin umschlagen und bügeln. Ein zweites Mal umschlagen, feststecken, heften, bügeln und so nah an der Bruchkante wie möglich steppen.

KRÄUSELN – VON HAND
Stoffe von Hand zu kräuseln, ist ganz leicht und geht bei Kinderkleidung auch ganz schnell.

1 *Mit Nadel und Faden entlang der zu kräuselnden Kante eine Reihe Vorstiche arbeiten.*

TECHNIKEN

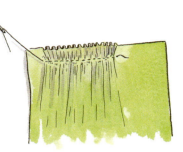

2 Um den Stoff zu kräuseln, vorsichtig am Faden ziehen, dabei darauf achten, dass die Kräuselfalten gleichmäßig verteilt sind. Den Faden am Ende mit einigen Stichen sichern.

EINFASSUNGEN

Bei einigen Projekten in diesem Buch werden die Kanten eingefasst. Gerade Kanten lassen sich mit parallel zum Fadenlauf geschnittenen Stoffstreifen einfassen. Für runde Kanten braucht man schräg zum Fadenlauf geschnittene Streifen:

1 Mit einem Dreieck und Kreide 4 cm breite Streifen in einem 45°-Winkel zum Fadenlauf anzeichnen und schneiden.

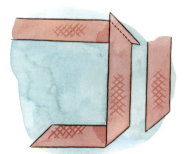

2 Die Streifen an den Enden mit einer parallel zum Fadenlauf verlaufenden Naht verbinden. Die Nahtzugaben auseinanderbügeln und die vorstehenden Ecken abschneiden.

3 In dieser Weise so lange Streifen aneinanderfügen, bis der Schrägstreifen die richtige Länge hat.

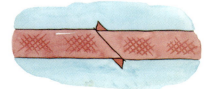

EIN BINDEBAND HERSTELLEN

Bei diversen Projekten in diesem Buch werden Bindebänder benötigt. Es gibt zwei Methoden, sie herzustellen.

METHODE 1

Einen Stoffstreifen in der angegebenen Größe zuschneiden. Der Länge nach rechts auf rechts zur Hälfte falten. Eine kurze und die lange Kante steppen. Die Ecken abschneiden und das Band auf rechts wenden; die Ecken mit einem spitzen Gegenstand ausformen (eine Stricknadel oder geschlossene Schere eignen sich gut). Das offene Ende nach innen umschlagen und mit Überwendlichstichen schließen.

METHODE 2

Für sehr schmale Bindebänder (beispielsweise ein Zugband) einen Stoffstreifen in der vierfachen Breite der benötigten Breite zuschneiden. Die kurzen Enden 1 cm breit zur linken Seite hin umschlagen und bügeln. Den Streifen der Länge nach links auf links zur Hälfte falten, die Bruchkante einbügeln und wieder auffalten. Die unversäuberten Kanten jeweils bis zum Mittelbruch umbügeln. Wieder im Mittelbruch falten und feststecken. So knappkantig wie möglich absteppen.

TECHNIKEN

EINEN DEHNBUND ARBEITEN

Dehnbünde sind leicht zu arbeiten und eignen sich bestens für Kinderkleidung, da sich die Kleidungsstücke so sehr leicht an- und ausziehen lassen. Dieselbe Methode lässt sich auch an Ärmel- und Hosensäumen anwenden.

1 Die Taillenkante rundherum 1 cm breit zur linken Seite hin umschlagen. Ein zweites Mal in der gewünschten Bundbreite umschlagen und feststeppen, dabei eine kleine Öffnung lassen. Für eine saubere Verarbeitung die obere Kante einmal absteppen.

2 An ein Ende des Gummibandes eine Sicherheitsnadel befestigen und das Gummiband durch die Öffnung in den Tunnelsaum ziehen.

3 Den Bund mit dem Gummiband bis zur gewünschten Weite zusammenziehen, dann die Enden mit der Maschine zusammennähen und in den Bund gleiten lassen. Die Öffnung mit Überwendlichstichen schließen.

ÄRMEL EINSETZEN

Wenn Ärmel in ein Kleidungsstück eingesetzt werden sollen, zunächst die Armkugel in die runde Armöffnung sorgfältig einpassen. Den Ärmel feststecken, dann in kleinen Abschnitten nähen. Dabei den Ärmel durch Dehnen und Schieben nach und nach an die Rundung anpassen.

KNÖPFE MIT STOFF BEZIEHEN

Überziehbare Knöpfe mit eigenen Stoffen zu beziehen, ist einfach und wirkt am Kleidungsstück sehr professionell. Knopfsets sind in unterschiedlichen Größen im Kurzwarenhandel erhältlich.

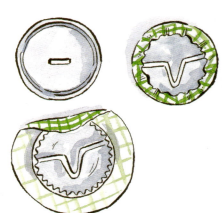

Aus Stoff einen Kreis ausschneiden entsprechend der auf der Rückseite der Packung abgebildeten Vorlage. Den Stoffkreis so über die Knopfoberseite ziehen, dass die Zacken den Stoff festhalten und er glatt aufliegt. Dann die Unterseite des Knopfes aufstecken.

KNOPFLÖCHER NÄHEN

Je nach Nähmaschine gibt es unterschiedliche Methoden, Knopflöcher zu nähen. Es empfiehlt sich daher, nach der Gebrauchsanleitung vorzugehen.

1 Die Größe des Knopflochs mit Schneiderkreide oder einem Markierstift anzeichnen.

2 Eine dicht eingestellte Zickzacknaht auf beiden Seiten der Markierung nähen und die Enden verriegeln. Die meisten Nähmaschinen besitzen einen speziellen Knopflochfuß, mit dem sich diese Stichabfolge arbeiten lässt.

3 Mit einer kleinen, scharfen Schere oder einem Nahttrenner zwischen den beiden Zickzacknähten einen Schlitz schneiden.

TECHNIKEN

Vorlagen

Die Vorlagen sind in Originalgröße abgebildet, sie müssen also nicht am Kopierer vergrößert werden. Sie enthalten bereits die Nahtzugabe.

Bei Vorlagen, die nur zur Hälfte abgebildet sind, vor dem Zuschneiden die Bruchkante eines doppelt gelegten Stoffes an der mit „Stoffbruch" markierten Kante ausrichten. Alternativ das Papier zur Hälfte falten, die Vorlage abpausen, das Papier wieder öffnen und die vollständige Schablone auf den Stoff stecken.

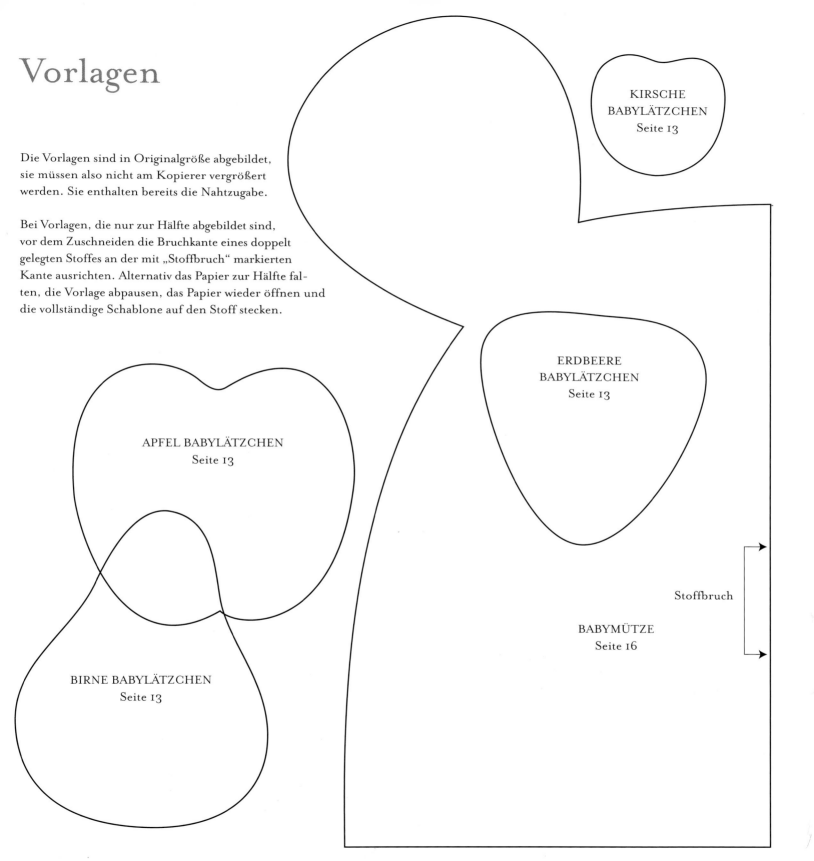

KIRSCHE BABYLÄTZCHEN
Seite 13

ERDBEERE BABYLÄTZCHEN
Seite 13

APFEL BABYLÄTZCHEN
Seite 13

BIRNE BABYLÄTZCHEN
Seite 13

Stoffbruch

BABYMÜTZE
Seite 16

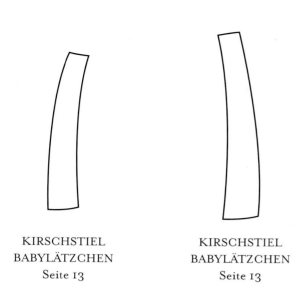
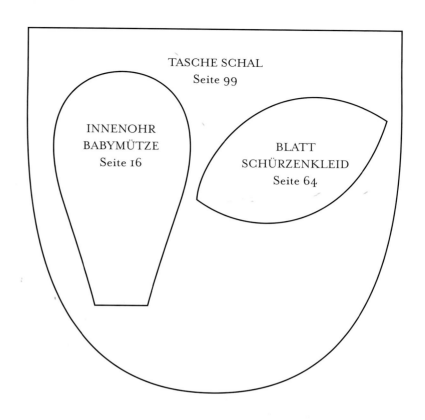

Bezugsadressen

STOFFE/VLIESE

Coats GmbH,
Kenzingen (D)
www.coatsgmbh.de

Coats Harlander GmbH,
Wien (A)
www.coatscrafts.at

Coats Stroppel AG,
Turgi (CH)
coatscrafts.ch

Freudenberg Vliesstoffe KG,
Heidelberg
www.vlieseline.de

Westfalen Stoffe AG, Münster
www.westfalenstoffe.de

NÄHGARN

Gütermann AG,
Gutach-Breisgau
www.guetermann.com

Prym Consumer GmbH,
Stolberg
www.prym-consumer.de

KNÖPFE

Dill Knopffabrik-Galvonotechnik
GmbH & Co KG,
Bärnau Beierfeld
www.dill-buttons.de

Union Knopf GmbH,
Bielefeld
www.unionknopf.de

Register

Ärmel einsetzen 108
Babylätzchen, Früchteapplikationen 13–15, 109, 110
Babyschuhe 8–11
Bademantel 81–82
Bindebänder herstellen 107
Bindegürtel 82, 90
Blumen
  Applikation 64, 110
  Brosche 101
  Haarband 103
  Rosette 21–23, 67–69
  Schmuck 73
Dehnbund 36, 108
Ecken abschneiden 106
Einfassungen 107
Einschlagsaum, doppelt 106
Früchteapplikationen 13–15, 109, 110
Haarband 102
Handstiche 105–106
Heftstich 105

Hose
  Caprihose 44–47
  Cargohose 40–43
  mit Dehnbund 36–39
Hut, Mütze
  Babymütze 16–19, 109
  Wendehut 92–95
Jungenhemd 32–35
Kleider
  Hängerchen 67–69
  Partykleid 70–73
  Schürzenkleid 62–65
Knöpfe
  Druckknopf 29–31, 101
  für Haarband 103
  für Schal 97, 98
  für Tasche 55
  überziehbar 108
Knopflöcher, maschinengearbeitet 108
Kräuseln, von Hand 106–107

Maschinenstiche 106
  Knopflöcher 108
Maßtabelle 7
Motive
  vergrößern 104–105
  verkleinern 105
Nachthemd 84–86
Oberteil
  ärmellos 29–31
  Blütenbluse 20–23
  gesmokt 24–27
Overlockstich 106
Poncho 100–101
Pyjama 74–79
Rock
  Ballonrock 56–59
  Cordrock 53–55
  Stufenrock 61
Rosette 21–23, 67–69
Schal
  mit Applikationen 97–98
  mit Tasche 99

Schleifen 29, 31, 59
  Bänder für Schleifen herstellen 107
  für Haarband 103
  Schleife aus Zierband 87
Schnittmuster verarbeiten 104
Schürze 89–90
Stiele, Applikationsvorlagen 110–111
Stoffe 104
Strampelhöschen 49–51
Tasche
  aufgesetzt 27, 35, 36–39
  mit Klappe 42–43
  mit Knopf 54–55
  Vorlagen 109–111
Techniken 104–108
Vorlagen
  Früchteapplikationen 109–111
  Schablonen herstellen 105
Vorstich 106
Zackenlitze 49–51, 100–101
Zickzackstich 106

HINWEISE ZU DEN SCHNITTMUSTERBOGEN – BITTE SORGFÄLTIG LESEN

Die Schnittmuster auf den herausnehmbaren Bogen (gegenüber) sind in Originalgröße abgebildet – sie müssen also nicht vergrößert werden. Am besten die Schnitte auf Paus-, Pergament- oder Schnittmusterpapier übertragen und ausschneiden. So kann der Schnitt immer wieder verwendet werden. (Schnittmuster- oder Pauspapier ist in Kurzwarengeschäften oder online erhältlich.) Die Legende erläutert, welche Linienart für welche Altersstufe steht. Nahtzugaben sind, wo nötig, enthalten. Bitte immer zuerst die Anleitung für ein Projekt durchlesen, da manche Maße variieren können, und die Beschriftung des Schnitts im Hinblick auf besondere Anweisungen prüfen, insbesondere bei Projekten für Babys und Kleinkinder, um sicherzugehen, dass die richtige Linie für die gewünschte Größe nachgezeichnet wird.

Manche Schnittteile sind nur zur Hälfte abgebildet. Hier den Stoff zur Hälfte falten und die mit STOFFBRUCH bezeichnete Linie an der Bruchkante des Stoffes ausrichten.

Wenn von einem Schnittteil ein rechtes und ein linkes Teil benötigt wird – beispielsweise das rechte und linke Vorderteil eines Hemdes –, zunächst eine Seite ausschneiden, den Papierschnitt wenden und die andere Seite ausschneiden.

Die Schnitte 1–20 befinden sich auf dem ersten, die Schnitte 21–40 auf dem zweiten Bogen.